AF498169

H. BOURDE DE LA ROGERIE

GERMAIN GAULTIER

Architecte et Sculpteur

(1571-1624)

et les premiers projets du Palais

du Parlement de Bretagne

RENNES

IMPRIMERIE COMMERCIALE DE BRETAGNE

7, Rue des Francs-Bourgeois, 7

1930

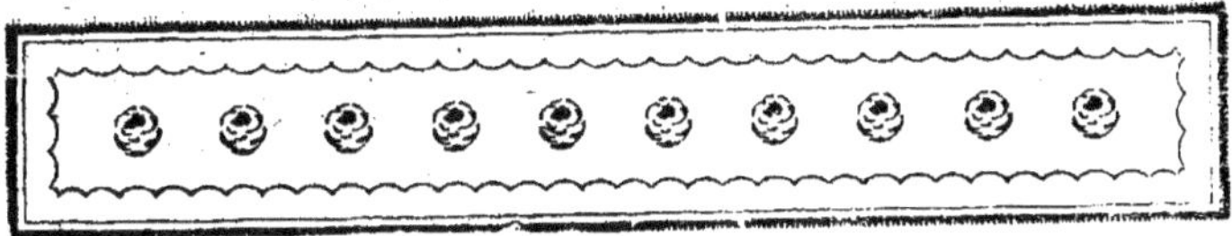

GERMAIN GAULTIER

Architecte et *Sculpteur*

(1571-1624)

et les premiers projets du Palais du Parlement
de Bretagne

Le nom de Germain Gaultier n'est pas complètement
ignoré ; dans son admirable *Dictionnaire critique de
Biographie et d'Histoire*, Jal a donné des renseignements
intéressants sur son père Michel Gaultier ; il nomme aussi
Germain dans la notice consacrée à François Mansart,
sans penser toutefois à remarquer que le beau-frère et
maître de Mansart était le même individu que le neveu et
l'élève de Germain Pilon. Les dictionnaires des architectes
de Lance et de Bauchal nomment Germain Gaultier avec
une sorte d'excès; ils en font trois ou quatre personnages
différents appelés Gaultier, Gautier ou Gauthier qui exer-
cent l'architecture à Orléans, à Paris et à Rennes et finis-
sent leur carrière en cette ville sur le chantier d'un palais
ducal ou d'un palais des Etats qui n'exista jamais (1).

(1) C. BAUCHAL, *Nouveau dictionnaire biographique et critique des
architectes français*. Paris, 1887, in-8°, p. 247 (Gaultier), 249 (Gautier),
395 (Gauthier). — LANCE, *Dictionnaire des Architectes*. Paris, 1872, in-8°,
T. I, p. 304, T. II, p. 100. — JAL, *Dictionnaire critique de biographie et
d'histoire*. p. 634, 751, 832, 972.

Une religieuse de Saint-Georges de Rennes qui inscrivit un payement fait au sculpteur sur le registre de l'abbaye imagina pour son nom une variante nouvelle : elle l'appela Gotier. Notons dès maintenant que la forme exacte, attestée par plusieurs signatures, est *Gaultier*. Les historiens modernes de Rennes ne l'ont guère cité que pour lui attribuer un édifice qui n'est pas de lui, le portail Nord de l'église Saint-Germain ; ils ont à peu près respecté son nom, mais le chanoine Guillotin de Corson et les auteurs qui l'ont suivi ont maltraité son prénom qu'ils ont transformé en Gervais.

En réunissant les renseignements épars dans diverses notices, et ceux que fournissent les archives de l'Ille-et-Vilaine et les archives de la ville de Rennes, nous ne prétendons pas révéler le nom d'un artiste remarquable et injustement oublié, car nous ne connaissons aucune œuvre certaine de Germain Gaultier et cet artiste paraît avoir été doué d'un talent médiocre, mais deux points dans son histoire paraissent devoir retenir l'attention :

Il collabora dans une mesure qu'il est impossible de fixer mais qui fut certainement importante à la préparation des plans du plus beau monument de Rennes : le Palais du Parlement ;

Il était le neveu et l'élève de Germain Pilon ; il fut le premier maître de François Mansart, son beau-frère ; parmi ses descendants on trouve les plus célèbres architectes du xviie et du xviiie siècle, Hardouin-Mansart et les Gabriel. Par cet architecte besogneux et obscur s'établissent les liens du sang et peut-être aussi la transmission de certaines traditions artistiques entre les grands artistes de la Renaissance et leurs successeurs aux siècles suivants.

*
* *

I

Germain Gaultier ; ses premiers travaux

Germain Gaultier naquit à Paris et fut baptisé le 19 janvier 1571 dans l'église de Saint-André-des-Arts. Il était fils de Michel Gaultier, sculpteur, et de Noëmie Pilon, sœur de l'illustre sculpteur du Roi, Germain Pilon qui fut le parrain de l'enfant. Deux ans auparavant, le 8 décembre 1568, Germaine, fille de Michel Gaultier et de Noëmie Pilon, avait été baptisée dans la même église : elle avait eu pour marraine Germaine Durand, femme de Germain Pilon. Celui-ci fut choisi comme parrain en 1576 d'un fils de Catherine Gaultier, sœur de Michel, mariée au peintre Pierre Giffard. Catherine fut à son tour marraine de l'un des enfants du sculpteur. Tous ces parrainages indiquent que les familles étaient intimement liées (1). Michel Gaultier fut employé, dit-on, à la décoration du château de Monceaux : il collaborait aux œuvres de son beau-frère. Les comptes des bâtiments du Roi de 1564-1565 mentionnent un payement qui lui fut fait pour des travaux au tombeau de Henri II à Saint-Denis. Cette collaboration n'était pas sans quelque danger car les critiques ne manquent jamais d'attribuer à Michel Gaultier ou aux enfants de Germain Pilon les parties faibles que l'on remarque dans certaines œuvres du maître. Ces œuvres sont très nombreuses et très diverses : tombeaux, statues, cheminées, bas-reliefs... ; beaucoup d'autres ont

(1) Jal, *Dictionnaire...*, articles Gaultier, Giffard, Pilon. — F. Maze-rolle, *Les médailleurs français du xv⁰ siècle au commencement du xvii⁰.* Paris, 1902, in-4°, p. lxx-lxxviii (Collection des documents inédits). Le nom de Germain Pilon est très souvent écrit avec deux *l* ; nous adoptons la forme Pilon, que l'on dit plus exacte. — Jean Babelon, *Germain Pilon*, Paris, 1927, in-folio, p. 60. — Une autre sœur de Germain Pilon, nommée Claude, épousa Nicolas Le Blond, peintre du Roi.

disparu. En l'absence de documents, il est impossible de connaître la part qui peut être attribuée à Germain Gaultier, mais on ne peut penser qu'à une part très secondaire ; il n'avait que dix-neuf ans et n'était qu'un apprenti à l'époque de la mort de son oncle, le 3 février 1590. L'atelier familial subsista autour de Raphaël Pilon, maître sculpteur et architecte du Roi, continuateur insuffisant de son père, ou bien autour de Gervais Pilon, sculpteur et contrôleur général des effigies de la monnaie ; il ne semble pas que Germain Gaultier y soit resté attaché au moins de façon continue.

Comme beaucoup d'artistes, il ne resta pas à Paris après le départ de la cour dispersée par les troubles religieux. En 1594 et années suivantes, on le trouve dans les villes de la vallée de la Loire. Les échevins de Tours l'emploient « pour tailler en pierre, peindre et estofer les armoiries du sieur de Lavalière, premier eschevin, assises dans la muraille de l'un des côtés de la grande salle de l'hôtel commun » ; en 1595, il est occupé à sculpter les armoiries de Victor Brodeau, sieur de Candé, maire de Tours, et touche pour ces deux travaux 34 écus (1). En 1599, le 30 octobre, Germain Gaultier, maître sculpteur, demeurant à présent à Orléans, passe un contrat avec les marguilliers de l'église Saint-Salomon de Pithiviers : il s'engage à faire certaines modifications au transept et à sculpter une statue du Roi qui serait placée au-dessus du portail de l'église ; il devait recevoir 920 écus ; il n'est pas certain que ce travail ait été exécuté : en tous cas, la statue n'existe plus (2).

Mais quelques années plus tard il était redevenu parisien ; il est qualifié « bourgeois de Paris, demeurant a Paris, rue Vieille-Tixeranderie, paroisse Saint-Jean »,

(1) Dʳ E. GIRAUDET, *Les artistes tourangeaux*, Tours, 1885, in-8°, p. 200.
(2) HERLUISON, *Artistes orléanais* (1863), cité par BAUCHAL, *Dictionnaire des architectes*, p. 247.

dans un acte du 27 mai 1603 qui lui adjuge la continuation, après enchères au rabais, de « toute la sculpture, ornemens et architecture de la tribune du palais des Tuileries, selon et conformément au dessin qui en a esté faict par Estienne Dupérac, architecte du Roi, et suivant son aviz ». Germain Gaultier s'engageait à fournir tous les matériaux : plâtre, fer, lattes, clous et échafaudages ; on lui promettait 1.500 livres (1). L'énumération des matériaux à fournir prouve que le travail demandé tenait du modelage plutôt que de la sculpture. Neuf ans plus tard, des entrepreneurs de Rennes dont il avait critiqué les travaux, écrivaient qu'il était « sculpteur en plastre et en terre seulement ». Mais les plus grands artistes ne dédaignaient pas l'art de modeleur. Germain Pilon a modelé des statues de terre aussi bien qu'il en a sculpté dans le marbre, la pierre et le bois.

Le sculpteur-entrepreneur fut cautionné par le maître charpentier Absalon Mansart dont il avait épousé la fille Marie Mansart. Absalon, souvent qualifié charpentier du Roi et beau-frère d'un maître maçon ou architecte, appartenait au même milieu social que Germain Gaultier.

Si l'on connaissait mieux l'histoire de la construction des Tuileries et du Louvre, on rencontrerait sans doute d'autres preuves de son activité. Mariette, historien contemporain, le qualifie architecte du Roi ; ce titre bien qu'assez banal fait supposer qu'il fut souvent employé dans les travaux des bâtiments royaux. Cependant il n'avait pas à Paris une clientèle suffisante car il continuait à aller travailler en province. On constate sa présence à Angers en 1605 ; le 20 novembre, en l'église Saint-Pierre, fut baptisée Michelle, fille de honorable homme Germain Gaultier, sculpteur, et de Marie Mansart ; le parrain fut

---

(1) F. DE MALLEVOUE, *Les actes de Sully passés au nom du Roi de 1600 à 1610 par devant M: Simon Fournyer, notaire*, Collection des documents inédits, Paris, 1911, in-4°, p. 110-111.

Hector Lemyre, lapidaire (1). Quatre ans plus tard, il accepta de quitter la capitale pour aller à Rennes où il résida dès lors jusqu'à sa mort.

II

Germain Gaultier à Rennes

A cette époque les échevins de Rennes faisaient faire quelques embellissements à leur vieil hôtel de ville, édifice médiocre et insuffisant. Ils attachaient une importance singulière aux cheminées dont ils voulaient orner les deux principales salles. D'après le compte des miseurs qui mentionne le premier payement accordé à Germain Gaultier, on l'aurait « fait venir exprès de la ville de Paris pour la construction de deux cheminées d'architecture et de sculpture établies dans la maison commune, l'une dans la grande salle, l'autre dans la chambre du conseil » (2).

Les belles cheminées du musée de Vitré et du château d'Épinay en Champeaux, celles des châteaux de Brécey et de Ducey dans l'Avranchin attestent qu'il n'était pas indispensable d'aller chercher jusqu'à Paris un artiste en état de faire des cheminées « d'architecture et de sculpture ». En réalité, c'étaient toutes les constructions municipales que l'édilité désirait confier à l'artiste parisien, ainsi qu'il ressort d'un rapport présenté le 10 avril 1609 à la communauté de ville : « Le sieur prévôt de Rennes a représenté à la compagnie ce qui s'est passé en son voyage en Cour pendant le temps qu'il y a esté com-

(1) Archives de la ville d'Angers, cité dans l'*Inventaire sommaire des archives de Maine-et-Loire*, série E supplément, p. 172.

(2) Arch. de Rennes, compte des miseurs présenté en 1610. Les archives communales de Rennes ne sont pas classées suivant l'ordre ordinaire ; les comptes des délibérations et les pièces annexes ne sont pas cotés ; les autres documents (registres des délibérations et liasses de titres) ont reçu une numérotation continue.

mis et député de messieurs des Estats, et oultre a remonstré que par l'avis de quelques habitans, il auroit fait venir en ceste ville ung sculpteur pour trevailler aux bastimens nécessaires de la ville et lui auroit promis tout contentement, suppliant la compagnie avoir agréable ce qu'il en a fait. — Sur quoy ayant ladite compagnie délibéré, ledit sieur prévost a esté remercié et a ratifé et aprouvé ce qu'il a faict, et après avoir faict entrer en ladite assemblée ledit sculpteur qui s'est nommé Germain Gaultier, demeurant en la ville de Paris, a esté faict marché avecq luy pendant le temps qu'il sera employé pour le service de la communauté en ceste ville au prix de 90 livres pour chacun mois, à commencer ledit temps du premier jour d'avril 1609 qu'il a déplacé de ladite ville de Paris » : une avance de 90 livres fut accordée à Gaultier qui reçut le même jour l'ordre de faire deux modèles de cheminées (1). Ces modèles donnèrent sans doute une idée avantageuse du talent du sculpteur parisien : en 1609 et 1610, il construisit les deux fameuses cheminées, œuvres somptueuses, car la ville paya plus de 3.000 livres tant pour l'achat de la pierre et du marbre, et des métaux et couleurs, que pour les gages et indemnités du sculpteur et de ses aides, les peintres Pierre Saullay, Jean Sauvage, Jean Chalnel et Jean Durandeau. Il arrivait très rarement à l'édilité rennaise de faire des dépenses d'un caractère somptuaire ; si l'on en juge par les prix d'acquisition, le mobilier qui garnissait les salles était d'une extrême simplicité, sauf peut-être deux tableaux, le Christ en Croix et le portrait du Roi, qui furent payés 260 livres en 1613 au peintre Jean de Capella (2). Les cheminées ont depuis longtemps disparu, aussi bien que les tableaux et l'immeuble lui-même : en 1695, les bourgeois abandonnèrent l'hôtel de ville « dans la crainte que leurdit

(1) Archives de Rennes, registre des délibérations, n° 179.
(2) Archives de Rennes, comptes et annexes des comptes de 1609-1613.

hostel n'eust tombé sur eux » (1). Nous ne savons rien de la première œuvre rennaise de Germain Gaultier sinon que la cheminée de la chambre du conseil était ornée de statues; en 1634, le procureur syndic fit réparer par le meilleur sculpteur de l'Ouest de la France, Delabarre, du Mans, « la figure du Temps » qui avait été brisée (2).

Comme tous les artistes de l'époque Germain Gaultier avait cultivé plusieurs branches des arts : il était architecte en même temps que sculpteur. Dès 1610, on le trouve investi de toutes les fonctions de nos architectes municipaux sous le titre de « contrôleur des œuvres de la ville ». Rennes ne possédait à cette époque aucun architecte : ce titre est usurpé dans quelques documents par Jean Cordier, Jean Lessayeur, François Bréban. Mais ces maîtres maçons ou ces maîtres charpentiers ne savaient élever que des maisons en pans de bois et de terre comme on en a bâti en si grand nombre à Rennes jusqu'au commencement du xixe siècle. Lorsqu'on voulait entreprendre un édifice important et construit en pierres on devait faire appel à des architectes résidant dans d'autres villes : à Thomas Poussin, de Saint-Malo (3), à Jean Bricquet, de Nantes, en 1609 (4), à Jean Bugeaut, d'Ancenis, en 1613 (5) ou, la même année, à Etienne Vallet, de Plénée-Jugon (6). Plus tard, lorsque la régularisation du cours de la Vilaine eut rendu moins malaisé et moins onéreux l'apport des matériaux lourds, quelques archi-

(1) Comptes des miseurs en 1695, cités par P. Banéat, *Le Vieux Rennes*, p. 355.

(2) Délibération du 4 août 1634, registre n° 192.

(3) Sur Thomas Poussin, voir *infra*.

(4) Architecte de la ville de Nantes, inspecteur des places fortes de Bretagne ; il visita les fortifications du château du Taureau en 1605-1608 et construisit une maison de ville à Morlaix en 1610; il mourut en 1612.

(5) Jean Bugeaut est dit en 1613 âgé de 35 ans, né à Vieillevigne, demeurant à Ancenis : il s'établit plus tard à Vannes, où il construisit en 1625-1625 la porte Saint-Vincent et les ponts-levis.

(6) Etienne Vallet, âgé de 50 ans, né à Jametz, en Lorraine, était employé vraisemblablement aux travaux du château de la Moussaye, en Plénée-Jugon ; il était protestant comme les seigneurs de la Moussaye.

tectes s'établirent dans la ville ; chose curieuse : on ne trouve parmi eux aucun Breton : les Corbineau, les Caris, les Huguet vinrent du Maine : les Chocat de Grandmaison et les Le Forestier étaient originaires du Blésois.

Les fonctions de « conducteur des œuvres » comprenaient la direction des travaux de voirie ou d'entretien : on rencontre le nom de Germain Gaultier dans des rapports sur l'état des pavés ou des conduites d'eau, dans des états de réparations nécessaires aux fortifications et au vieux Palais de Justice et dans des procès-verbaux d'alignement (1) ; les travaux qu'il exécutait lui-même lui étaient payés en sus de ses gages annuels de 1.080 livres. En 1612, il reçut 569 livres pour avoir peint — car il était aussi peintre — les cadrans de la grosse horloge, refait les écussons et argenté la statue de Saint-Michel (2). Mais il fut aussi chargé d'entreprises plus importantes ; nous consacrerons plus loin quelques pages à ses études préparatoires à la construction du Palais du Parlement; nous devons mentionner ici la construction du bâtiment de la Santé en 1610, l'étude du cours de la Vilaine et la vérification de 1610 à 1615 des écluses bâties depuis Messac jusqu'à Rennes (3), la construction du Pont Neuf de 1610 à 1614 et de la pompe Saint-Germain de 1613 à 1615 (4), la reconstruction de 1617 à 1624 de la salle des malades de l'hôpital Saint-Yves qui s'était écroulée le 30 janvier 1617 en écrasant deux femmes (5). Plusieurs couvents furent fondés à cette époque ; certains ordres avaient leur architecte particulier : les plans du collège des Jésuites paraissent avoir été préparés par Charles Turmel qui

---

(1) Archives de Rennes : annexes au compte de 1613 et liasse 57.

(2) Annexes aux comptes de 1612.

(3) Archives d'Ille-et-Vilaine, c. 4986 et 4987. — Arch. de la ville : registre des délibérations de 1619.

(4) Arch. de Rennes, reg. des délibérations, comptes des miseurs et annexes, liasses 125 et 130 bis.

(5) Arch. de Rennes, reg. des délibérations de 1617. — Arch. de l'Hôtel-Dieu, délibérations et comptes. (L'hôpital Saint-Yves a été démoli en 1858).

appartenait à la compagnie de Jésus, mais le plan de la chapelle présenté le 10 avril 1623 à l'assemblée de la communauté de ville par Sarrazin, architecte de l'ordre, fut soumis à l'examen de Germain Gaultier (1) ; il contrôla également la construction de la « salle d'actions » élevée par Jean Cordier et Jean Lessayeur, maîtres maçons et entrepreneurs (2). La ville avait sur ce collège des droits qui expliquent l'intervention du « contrôleur des œuvres »; ce fut à titre privé qu'il donna aux bénédictines de l'abbaye de Saint-Georges en 1612 le dessin et dressa le devis d'une « arcade au-dessus de la grille de l'église » (3); aux ursulines de la rue du Pré-Botté, en 1615, le plan de leur couvent (4); aux carmélites, en 1623, le procès-verbal de l'état des murs de clôture (5). Tous ces édifices ont disparu, sauf quelques portions du couvent des ursulines, qui sont postérieures à l'époque de Germain Gaultier : on doit mentionner cependant deux beaux pilastres cannelés qui ont été employés pour former les pié-droits du portail de l'immeuble situé au n° 5 de la rue du Pré-Botté. Ces pilastres sont dans la manière du début du xvii° siècle et ils présentent une certaine analogie avec les éléments qui décorent la façade de l'ancien hôtel de Brie (rue du Chapitre, n° 8). Cet hôtel est le seul édifice privé que sa date (1621) permette de songer à attribuer à notre architecte (6). Quelques documents établis-

(1) Arch. de Rennes, annexe aux comptes de 1623 ; le plan de Sarrazin n'a pas été conservé. La chapelle du collège est devenue l'église de la paroisse Toussaint ; elle paraît conforme (sauf la façade) aux plans dressés de 1624 à 1630 par le frère Charles Turmel, de la Compagnie de Jésus (Cf. H. BOURDE DE LA ROGERIE, *Notice sur un recueil de plans d'édifices construits par les architectes de la Compagnie de Jésus* dans *Réunion des Sociétés des Beaux-Arts des départements*, 1904).

(2) Arch. de Rennes, liasse 285 et annexes aux comptes de 1610 et 1611. L'ancien collège a été détruit au xix° siècle.

(3) Ce devis lui fut payé 18 livres ; le travail fut exécuté par Nicolles, maître menuisier, qui reçut 80 l. (Arch. d'Ille-et-Vilaine, fonds de Saint-Georges, compte de 1609-1615).

(4) Arch. d'Ille-et-Vilaine, 2 H 3, 72.

(5) Arch. d'Ille-et-Vil., 2 H 3, 17 (inventaire des papiers du couvent).

(6) On trouvera une excellente description de la façade de cet hôtel dans P. BANÉAT, *Le Vieux Rennes*, éd. de 1926, p. 112-113.

sent qu'il fut aussi, de 1617 à 1623, le directeur de la construction du transept Sud de l'église Saint-Germain ; A. Ramé a signalé l'intérêt de ces actes, sans nommer l'architecte primitif auteur des plans, dans une excellente monographie de l'église (1) ; moins prudents, le chanoine Guillotin de Corson et les auteurs qui se sont inspirés de son livre (2) ont écrit que Germain Gaultier, qu'ils appellent Gervais, fut l'auteur de la bizarre mais intéressante façade du transept. La date, 1606, gravée sur deux contreforts à la hauteur du deuxième ordre d'architecture contredit cette attribution : Germain Gaultier n'arriva à Rennes qu'en 1609. On ne peut lui attribuer que la partie la plus élevée de la construction : elle n'ajoute pas à sa gloire, mais peut-être doit-on expliquer par les embarras financiers des paroissiens la médiocrité de l'œuvre : un lourd pignon mal décoré par un arc en anse de panier très fruste qui ne s'accorde pas avec la décoration relativement riche de la partie inférieure de l'édifice (3).

Doit-on donner à Germain Gaultier l'honneur d'avoir voulu introduire à Rennes la science appelée de nos jours

(1) A. R., L'église Saint-Germain de Rennes dans *Mélanges d'histoire et d'archéologie bretonne*, T. II, 1858, in-18, p. 23.

(2) GUILLOTIN DE CORSON, *Pouillé historique du diocèse de Rennes*, T. V, p. 606 ; *Mélanges historiques...*, p. 223. — P. DE LA BIGNE-VILLE-NEUVE n'a pas nommé l'architecte dans sa notice sur Saint-Germain (*Mémoires de l'Association Bretonne*, T. II, p. 138-142). — BAUCHAL (*Dictionnaire des Architectes*, p. 249) cite parmi les œuvres de G. Gaultier. « le portail sud de la cathédrale de Rennes, de 1606 à 1620 » : il s'agit certainement du portail de Saint-Germain, car l'ancienne cathédrale n'avait pas de portail au Sud.

(3) Pour attribuer à Germain Gaultier la construction de la façade, il faudrait supposer qu'on a *défoncé* une construction plus ancienne pour la remplacer par celle que nous voyons aujourd'hui : toute la maçonnerie porte des traces nombreuses de reprises et de « repentirs », mais il est invraisemblable que la fabrique, qui n'était pas riche, ait fait démolir l'œuvre qu'elle avait fait consolider en 1606 par deux coûteux contreforts. Cette façade est un spécimen assez curieux de l'architecture religieuse pendant la première partie du XVII° siècle : on sait combien les églises de cette époque sont rares dans toute la France, la Basse-Bretagne exceptée. On ne doit pas imputer au constructeur de 1617-1623 les mauvais clochetons pseudo-gothiques qui ont été juchés, lors d'une restauration récente, au sommet des contreforts ; ils ont pris la place que des lanternons devaient occuper jadis.

l'urbanisme ? Après l'achèvement du Pont-Neuf, en 1614, il fit agréer par la ville un plan et un modèle qui devraient être obligatoirement suivis par les constructeurs d'immeubles à proximité du pont et en bordure des voies nouvelles : la place neuve, la rue d'Orléans (Rue Jules-Simon) et la rue Dauphine (1).

Parmi les travaux que nous avons cités, plusieurs ne furent pas faits d'après les plans de Germain Gaultier : son rôle se borna souvent à diriger ou contrôler l'exécution. On ne peut lui attribuer la construction du Pont Neuf, ni surtout la régularisation du cours de la Vilaine dont les conditions avaient été arrêtées avant son arrivée en Bretagne, mais la pompe ou fontaine Saint-Germain fut son œuvre personnelle ; la note d'adjudication du 22 février 1613 porte qu'elle sera élevée « le tout suivant le dessain et eslévation fait par ledit Gaultier ». Le réservoir à huit pans de granit était percé de quatre masques de dieux marins ; au centre du bassin une pyramide présentait sur chacune de ses quatre faces un mufle de lion tenant en sa gueule un tuyau d'où l'eau jaillissait ; au sommet une statue de Vénus en bronze haute de deux pieds tenait un écusson armorié. En 1721, le vieil historien rennais, Gilles Languedoc, notait que la statue était tombée et qu'on l'avait déposée à l'hôtel de ville. On regrette que rien ne subsiste de cette œuvre importante, pas même un dessin (2). Germain Gaultier avait essayé d'obtenir l'entreprise de la construction de la pompe, il demanda 14.000 livres ; le travail fut adjugé pour 5.950 livres seulement à Thomas Poussin, qui fut plusieurs fois le compétiteur de l'architecte rennais. Poussin appartenait à

(1) Arch. de Rennes, annexes des comptes de 1614. Ce quartier a été complètement bouleversé par la rectification de la Vilaine au xixᵉ siècle, mais des plans et des dessins anciens prouvent que le règlement de Germain Gaultier n'avait pas été respecté.

(2) Arch. de Rennes : liasse 130 bis ; comptes de 1612 à 1615 et annexes. — Arch. d'Ille-et-Vil. : Histoire de Rennes par Languedoc, copie moderne, F 1033.

une famille originaire de Plesder qui donna pendant plus d'un siècle de bons architectes à la ville de Dinan ; Thomas construisit de 1595 à 1607 le bas-côté Nord de la cathédrale de Saint-Malo et en 1621 la porte Saint-Louis de Dinan, œuvres qui attestent du talent. Il collabora vraisemblablement à l'achèvement du château de Saint-Malo et aux fortifications des villes de la région, car il était qualifié architecte du Roi. Comme tous ses confrères, il était à l'occasion entrepreneur ; il construisit en société avec Julien Desourmes, sieur de la Poterie, et François Le Duc, sieur du Plessis, le Pont Neuf et une écluse de Rennes. Nous verrons qu'il fut en outre employé aux études préparatoires à la construction du Palais du Parlement ; désigné par la communauté de ville dans quelques circonstances pour être le collaborateur de Germain Gaultier il ne s'entendit pas toujours avec lui. La façon dont il avait construit le Pont Neuf fut critiquée par le « contrôleur des œuvres » : le mémoire justificatif présenté par Poussin et ses associés ordinaires, Desourmes et Le Duc, dénie toute compétence à Gaultier « incapable de juger et cognoistre en tel œuvre, n'estant architecte comme il se dit, mais sculpteur en plastre et en terre seulement et n'avoir onecques conduict aucune œuvre sinon depuis peu de temps qu'il a bien fait recognoistre son ignorance en certains bastimens qu'il s'est entreprins de conduire en ceste ville, comme chacun sait, et est tout notoire ».

Des expertises de François Bréban, Jean Cordier et Pierre Vaucongueu, maitres maçons, et de Etienne Vallet et Jean Bugeaul, architectes, confirmèrent cependant les critiques de Germain Gaultier (1). Il n'était pas « tout notoire » qu'on le crut bon seulement à modeler de la terre et du plâtre puisque jusqu'à sa mort en 1621 il demeura chargé du rôle le plus important dans la construction du monument que Rennes attendait depuis plus de cinquante ans, le Palais du Parlement.

(1) Jugement du présidial du 6 septembre 1612, arrêt du Parlement du 17 avril 1613, aux archives de Rennes, liasse 125.

III

Construction du Palais de Justice

Le Parlement de Bretagne, institué par un édit donné à Fontainebleau au mois de mars 1554, siégea d'abord alternativement à Nantes et à Rennes ; un édit du mois de juin 1557 le fixa à Nantes ; un troisième édit, 4 mars 1561 le transféra à Rennes. La cour s'installa provisoirement dans le couvent des Cordeliers : le provisoire devait durer quatre-vingt-quatorze ans. Dès 1564 cependant, le Roi autorisa les habitants de Rennes à lever certains impôts pour subvenir aux frais de construction et d'aménagement d'un logis plus décent ; des lettres patentes du 22 juillet 1578, du 11 février 1583 et du 25 août 1601 renouvelèrent cette autorisation, mais les recettes furent employées à payer les réparations des salles des cordeliers, à moins qu'elles ne fussent affectées à des usages qui n'avaient rien de commun avec l'objet indiqué par le Roi.

L'idée de construire un palais n'était pas abandonnée ; elle fut reprise en 1609 en même temps qu'un important projet d'extension de l'enceinte fortifiée de Rennes. Le 10 avril la communauté de ville donna mandat à Jean-Jacques de Lombard, lieutenant de M. de Bethune, gouverneur, et à Louis Deshaiers, sieur de la Nolais, procureur syndic, d'aller exposer au Roi et aux ministres diverses doléances : au premier rang figurait la demande relative à la construction du palais et à la levée d'une taxe spéciale (1). Le 23 juin, les députés envoyèrent le compte

(1) Nous ne prétendons pas raconter l'histoire de la construction du palais. Elle a été sommairement exposée par M. H. BOURDONNAY, *Le Palais de Justice de Rennes*, Rennes, 1902, in-18. Le monument a été décrit par M. P. BANÉAT, *Le Vieux Rennes*, in-4°, p. 375-397 de l'édition de 1911, et p. 390-415 de l'éd. de 1926. L'histoire de l'intervention de S. de Brosse tient une place importante dans la biographie de cet architecte publiée par M. le pasteur J. PANNIER, *Salomon de Brosse*, Paris, 1911, in-4°, p. 75-82, 216-224, 259-261.

rendu de l'accueil qui leur avait été fait à Fontainebleau :
« Messieurs, nous avons salué le Roy par la faveur de
Monseigneur de Vendosme qui nous a présentés à Sa
Majesté. Sy tost que nous lui avons faict ouverture des
desseings de bastir un Palais et de croistre la ville, il nous
a dict qu'il estoit fort aise de ce que nous entreprenions
ces choses durant son règne et qu'il avoit cela agréable,
mais qu'il voulait aussy qu'on luy batist une maison pour
son logement et semblait estre impatient qu'on ne mettoit
desja la main à l'œuvre tant l'exercice de bastir luy
plaist... » (1). La forme officielle et un peu guindée du
rapport laisse deviner ce que fut l'accueil du Roi :
Henri IV dût dire aux députés de se presser de bâtir ce
palais dont il était depuis si longtemps question; il ajouta
cette aimable gasconnade qu'il désirait qu'on lui bâtit
aussi une maison à Rennes. Bien entendu, il ne fut fait
aucune allusion à ce désir dans les lettres patentes
octroyées le 3 juillet qui autorisèrent la communauté de
ville à lever trois deniers sur chaque pot de vin breton
ou de cidre et un sol sur chaque pot de vin non breton
vendu à Rennes ; un tiers du produit était affecté à la
construction de l'édifice qui devait être bâti dans les terrains que l'extension des fortifications allait réunir à la
ville.

Pendant trois ou quatre ans encore, on ne fit rien,
peut-être parce que toutes les ressources du budget municipal étaient employées à l'achèvement du Pont Neuf et
à la construction des écluses de la Vilaine. Mais enfin un
arrêt du Parlement du 2 novembre 1613 désigna des commissaires pour choisir un emplacement. On renonça heureusement au terrain du Tourel (rue de la Visitation) qui
avait été d'abord préféré et on choisit le terrain voisin
du couvent des Cordeliers (arrêt du 12 novembre 1611) :
il fallut ensuite acquérir à l'amiable ou par voie d'expro-

Arch. de Rennes, annexes aux comptes de 1609.

priation les maisons qui devraient être démolies. Les négociations furent laborieuses car plusieurs des propriétaires étaient des personnages importants qui réclamaient des indemnités exagérées. Les plans des propriétés et les procès-verbaux d'expertise furent généralement dressés par Germain Gaultier, assisté de Thomas Poussin, de Serein Brindeau, arpenteur, et de Pierre Cordier, maître maçon (1).

Toutes ces opérations sont désignées dans les documents par un terme bizarre : « l'écarissement du palais ». Dès 1614 on avait décidé que le monument formerait un quadrilatère. L'architecte-sculpteur préparait les plans, et les habitants suivaient les travaux avec intérêt : un bourgeois qui tenait journal des événements notables notait : « le 31ᵉ d'octobre 1611, ce jour, en l'assemblée de la communauté de ville, le premier plan du Palais, qui fut dressé d'ordre de la cour, fut présenté » (2). Le 16 juin 1615, deux médiocres croquis représentant l'élévation des pavillons d'angle et la coupe de la charpente furent chiffrés par les échevins et par l'Evêque de Rennes (3). Le Parlement, par deux arrêts des 16 novembre 1617 et 16 janvier 1618, ordonna le dépôt du dossier au greffe. Tous ces documents, œuvres de Germain Gaultier et peut-être aussi de Thomas Poussin, ont malheureusement disparu, sauf le croquis du 15 juin 1615 et un « état et devis général », non daté mais certainement antérieur au voyage

(1) Arrêts du Parlement des 12 novembre 1614 et 19 janvier 1625 ; procès-verbaux aux archives du Parlement, liasse Palais ; minute Lefèvre du 9 janvier 1615 ; liasse I II 6, 18 du fonds des Cordeliers, aux archives d'Ille-et-Vilaine. — Registre des commissaires et liasses 250 et 251 aux archives de Rennes.

(2) Arch. d'Ille-et-Vilaine, F. 306 : *Journal d'un bourgeois de Rennes au xvuⁱ siècle*, publ. par P. DE LA BIGNE-VILLENEUVE dans *Mélanges d'histoire et d'archéologie bretonne*, Rennes, 1855, in-18, T. I, p. 15. — Le *Dictionnaire de Bretagne* d'OGÉE (texte primitif) mentionne aussi cette présentation.

(3) Arch. de Rennes, liasse 251. — En outre des plans de l'édifice, des plans des terrains acquis furent établis par Gaultier et par Poussin (Reg. des commissaires au Palais, 29 septembre 1617).

de Salomon de Brosse à Rennes. Nous étudierons plus loin ces documents en les comparant aux plans dressés par l'architecte du Roi (1). Germain Gaultier avait même préparé deux plans que les registres municipaux appellent le grand et le petit dessein. Les membres de la commission instituée « pour adviser ce qui se doit faire pour le bastiment du palais » (2) optèrent le 29 septembre 1617 pour le petit dessein, mais le Parlement et les échevins hésitaient, sans doute parce que les deux projets paraissaient défectueux ; on eut la sagesse de faire appel au plus célèbre architecte de France. Le 1 mars 1618, à la séance tenue par les commissaires de la cour et de la ville, « M. le président de la Haultaye a proposé à la compaignie que le bastiment du Palais estant d'une grande entreprinse et de conséquence, qu'il est nécessaire de recouvrer de bons massons et architectes bien expérimentéz aux bastimens royaulx, pour par leur aviz avec ceulx qui ont déjà commencé à faire le plan dudit bastiment aporter l'ordre qui se doit tenir, et que luy a esté rescrip par Monsieur le président de Cucé (3), qui est à présent à Paris, qui luy donne avis qu'il a parlé avec un architecte du Roy appelé De Brosse et ung maistre maçon, lesquelz il seroit à propos de mander, ce qui par la compaignye a esté trouvé raisonnable, et ont nosdits sieurs commissaires arresté qu'il sera conféré de ce que dessus en l'assemblée de la communaulté de ceste ville afin de rescrire à mondit sieur le président de Cucé de faire venir

(1) Voir appendice *in fine*.

(2) Deux registres renferment les décisions prises par la commission. l'un, de 10 feuillets, du 7 septembre 1617 au 21 mars 1924 : l'autre, de 50 feuillets, du 3 octobre 1618 au 17 mai 1631. MM. Bourdonnay et Pannier n'ont pu consulter ces cahiers qui avaient été indûment prêtés vers 1865 à un érudit ; ils ont été remis récemment aux archives municipales.

(3) Nul n'était mieux placé que le président de Cucé pour désigner aux magistrats de Rennes l'architecte parisien qui pourrait leur donner satisfaction. Fils et petit-fils de conseillers au parlement de Bretagne. Jean de Bourgneuf de Cucé (1560-1636), devint premier président de cette cour après avoir été conseiller au parlement de Paris et président du Grand Conseil.

ledit Debrosses et néantmoins que l'on continuera de jour en aultre de faire achapt de matériaux pour ledit basti-ment du Palais et les faire charroyer sur la place » (1). Depuis le mois de novembre 1617 on ne cessait d'amener des matériaux dans le chantier établi auprès des Corde-liers sous la surveillance de Germain Gaultier. Les com-missaires avaient même manifesté l'intention de faire exécuter à Cuguen douze colonnes de granit (2) : com-mande bien prématurée. Il était déraisonnable de s'occu-per de la décoration d'un monument dont le plan n'était pas arrêté ni la première pierre posée.

La communauté de ville ratifia la proposition des commissaires. Une lettre de cachet du Roi du 26 juillet ordonna à S. de Brosse de se rendre à Rennes ; il y arriva le 8 août et descendit à l'hôtel de la Harpe tenu par Jean Saiget ; il était accompagné de son gendre, Pierre Le Blanc de Beaulieu, avocat, d'un « homme de chambre », d'un laquais et d'un cocher. Six jours plus tard, le 14 août, il comparut devant les « commissaires pour le bâtiment du Palais » : la commission était au complet et compre-nait les personnages les plus considérables de la ville ; le procès-verbal énumère le comte de Brissac, gouverneur, les présidents de Cucé, de Bric, de Bréquigny et de la Dobiays, les conseillers de Trogoff, Amys, du Clos-Raoul, de la Forest d'Anjou et de Lys, l'avocat général Hay, le prévôt et le procureur syndic, les connétables de la Retardays et de la Chalotays, les membres de la commu-nauté, Mellet de Launay, de la Chaintrie-Patier, de la Bodinaye-Lezot, de la Rouxinolière de Loriail, du Val-Mérault et de Launay-Chauvel et le greffier Ducreux. Le procureur syndic exposa que le Sr de Brosse « depuis qu'il est en ceste ville auroit vu les plans dudit Palays qui auroient esté cy devant faicts par Germain Gaultier,

---

(1) Arch. de Rennes, registre des commissaires du Palais. On ne jugea pas utile de faire venir le maître-maçon.
(2) *Ibid* et liasse 251.

maistre architecte, tant du grand que du petit desseign » ;
il requit que ces plans fussent vus ainsi que « celluy faict
par ledit sieur de Brosse depuis qu'il est en ceste ville.
Et ayant ledit sieur de Brosse représenté le plan par luy
fait, et veu ceulx qui ont esté cy devant faits par Germain
Gaultier, tant du grand que du petit desseign... ; et sur
le tout délibéré, lesdits sieurs commissaires ont arresté
que ledit sieur de Brosse fera ung aultre plan en la forme
qui luy a été prescripte pour estre Jeudy prochain représenté en la Cour et icelluy veu y estre ordonné et
chiffré » (1). Les modifications demandées étaient peu
importantes, car Salomon de Brosse put présenter le sur-
lendemain, le 16 août, le plan modifié ou corrigé qui fut
approuvé ; le Parlement rendit immédiatement un arrêt
par lequel il fut « ordonné que... ledit Palais sera construit
et basty... suivant ledit plan qui demeurera au greffe de
ladite Cour, sera chiffré par les commissaires députés
pour la direction dudit bâtiment duquel sera fait description et devis, ledit de Brosse appelé, en présence des
députés de la communauté de Rennes ». Les trois feuilles
qui existent encore portent les signatures, apposées le
20 août, par les conseillers Le Meneust, de la Forest, de
Trogoff, J. Gédouin, Amys, Gilles de Lys (2).

L'architecte fit des copies de tous ces plans qu'il remit
au procureur syndic de la ville (3). L'arrêt du Parlement

(1) Arch. de Rennes, 1er registre de la commission.
(2) Arch. d'Ille-et-Vilaine, série B, fonds du Parlement, titres du
Palais. — M. le pasteur PANNIER a donné de bonnes reproductions des
deux feuilles les plus intéressantes, le rez-de-chaussée et le premier
étage, dans *Salomon de Brosse*, p. 76-77.
(3) Le 24 août, le procureur syndic présenta à la communauté de
ville ces quatre plans « semblables à ceux qui ont été remis à la cour »
(Arch. de Rennes, reg. des délibérations, folio 55). De plus, comme nous
le verrons, Germain Gaultier déposa le 15 mars 1619, de la part de
Salomon de Brosse, d'autres plans, des devis et des élévations. Ce dossier comprenait des feuilles de papier et des feuilles de parchemin ; il
fut longtemps conservé avec soin. Corbineau en donna décharge à la
veuve de Gaultier le 15 mai 1624 lorsqu'il fut nommé à la direction
des travaux ; on le consultait et on le copiait lors des vérifications des
travaux jusqu'à 1655. Tous ces documents si précieux paraissent perdus
ainsi que les plans « d'écarissement » du terrain et les projets de
Gaultier et de Poussin.

donnait un délai indéterminé pour la rédaction du devis et probablement aussi des élévations. Il est vraisemblable que Salomon de Brosse n'acheva pas à Rennes ce délicat et long travail, car le mercredi 22, il prévint que le Roi le rappelait. Et le même jour, qui fut le jour de son départ, il donna quittance de la somme de 1.000 livres qui lui avait été allouée pour les frais de son voyage — on peut ajouter et pour ses honoraires, — Jean Saiget, hôte de la Harpe, reconnut avoir reçu 250 livres pour les frais de séjour de l'artiste et de son train (1).

Les trois feuilles principales du plan chiffré le 16 août subsistent : elles représentent le rez-de-chaussée, le premier et le deuxième étages ; la feuille relative aux combles et à la charpente a disparu ainsi que les élévations et le devis. Ces plans sont admirablement dessinés ; ils sont établis avec une minutieuse précision ; ils indiquent, suivant une échelle très exacte, non seulement le gros œuvre, mais les murs de refend, les voûtes du rez-de-chaussée, les cloisons et tout ce qui regarde la disposition et l'aménagement des salles, des cachots, des « galetas », des locaux annexes. L'emplacement et la profondeur des cheminées, l'embrasure des fenêtres, la volée des escaliers... tout enfin est porté avec une exactitude scrupuleuse et on peut dire définitive. On ne possède plus les élévations et les devis, mais des procès-verbaux dressés de 1625 à 1655 pour établir l'état des travaux se réfèrent à chaque page à ces documents et permettent de constater qu'ils étaient très détaillés et très précis.

Salomon de Brosse a-t-il pu fournir seul et sans aide, en huit jours, du 8 au 16 août, le travail que représente la confection de ce plan ? a-t-il pu faire seul (2), du 16 au 21,

(1) Arch. de Rennes, compte du miseur pour 1618-1619 (non coté). L'ordre de payement porte que Brosse avait travaillé du 8 au 21 août.

(2) Il n'est pas impossible que Brosse ait été aidé dans une certaine mesure par son « homme de chambre », qui pouvait lui servir de secrétaire ou de dessinateur, ou bien par son gendre, Pierre Le Blanc de Beaulieu, bien que celui-ci ne paraisse pas s'être jamais occupé d'architecture.

les copies destinées au procureur de la ville en même temps qu'il recueillait tous les éléments pour tracer les élévations et rédiger le devis ? Des architectes éminents auxquels nous avons montré les plans ne le pensent pas.

Doit-on penser que l'ordre du Roi qui l'envoya à Rennes ne le prit pas au dépourvu et que ses fonctions, ses études ou ses voyages l'avaient préparé à établir rapidement un projet de palais de justice ? — De nos jours un architecte auquel on commanderait inopinément le plan d'un tribunal trouverait aisément des modèles dans des traités et des recueils d'architecture ; il pourrait aussi s'inspirer des nombreux « Palais » qui ont été construits dans tous nos chefs-lieux judiciaires depuis la Révolution. Les architectes du xviiᵉ siècle n'avaient pas de telles ressources ; les recueils publiés par les maîtres et les théoriciens, comme Philibert de Lorme et Androuet du Cerceau, ne renferment guère que des plans de châteaux, de temples ou de villes idéales. Les Parlements de Rouen et de Dijon qui possédaient des palais somptueux étaient privilégiés, car les édifices construits spécialement pour servir d'auditoire étaient extrêmement rares. A Paris et dans nombre de villes importantes, telles que Poitiers, Caen, Tours, Nantes, Vannes, Angers... les juridictions étaient logées dans d'anciens châteaux royaux ou féodaux, sous des halles ou dans des couvents. Salomon de Brosse n'avait jamais construit d'auditoire car on ne peut citer la grande salle du palais de Paris qu'il s'apprêtait à reconstruire en 1618 ; cette grande salle, si importante qu'elle fut, n'était qu'une partie secondaire de l'ancien palais royal devenu palais du Parlement. Ajoutons encore que l'architecte du Roi n'était jamais venu en Bretagne et qu'il ne savait rien de la nature du sol et des matériaux du pays, des avantages et des inconvénients de l'emplacement choisi, de l'importance respective des divers services qu'il s'agissait de loger, sinon ce qu'il avait pu apprendre au cours de quelques entretiens avec le président de Cucé.

Non ! Salomon de Brosse *n'improvisa* pas ses plans admirables. Son travail avait été préparé et il eut un collaborateur involontaire : l'architecte municipal auquel il avait été préféré.

On conserva à Rennes jusqu'au xviiiᵉ siècle un certain souvenir du rôle joué par Germain Gaultier. Duval-Pineu, auteur d'un excellent inventaire des archives dressé en 1757, nota à propos du mémoire dont nous allons parler que « cet état est, croit-on, le plan qui a été achevé par Salomon de Brosse » (1). Les historiens modernes n'ont pas prêté attention à ce mémoire, ni aux arrêts du Parlement, ni aux délibérations et aux comptes urbains qui mentionnent à maintes reprises des plans dressés avant 1618. Ils n'ont éprouvé aucune difficulté à attribuer à S. de Brosse le mérite invraisemblable d'avoir dressé en quelques jours le plan de l'ensemble et de tous les détails de l'énorme monument.

Après l'adoption du plan du 16 août 1618, les ébauches ou les essais préliminaires ne présentaient plus d'intérêt pratique : ils furent détruits; on ne pourrait soupçonner ce que Salomon de Brosse a pu y trouver et ce qu'il s'est approprié, très légitimement, si un heureux hasard n'avait épargné un mémoire curieux, mais obscur et incorrect, rédigé par Germain Gaultier et intitulé « Estat et devis general de toutes choses utiles et nécessaires pour la construction du bâtiment du Palais » (2). Il est intéressant d'extraire de cet aride document tout ce qui concerne le plan et de comparer le projet esquissé par Gaultier aux

(1) Arch. de Rennes, inventaire des documents du Palais, cotés à cette époque C 18.

(2) On trouvera à la fin de cette étude le texte complet de cet *Estat*. Germain Gaultier n'y étudie pas les escaliers à établir entre les étages : omission surprenante, car dans tous les palais et châteaux, les architectes aimaient à donner un aspect grandiose aux escaliers conduisant aux appartements de réception. Nous ne saurions dire si on doit attribuer à Gaultier ou à Salomon de Brosse l'idée du perron qui, jusqu'en 1726, donna accès aux salles du premier étage.

trois plans déposés par son illustre confrère, le 22 août 1618, et à l'édifice que nous connaissons.

Suivant le projet de Gaultier, les façades du Palais auront vers le Sud et vers le Nord 160 pieds et vers l'Est et l'Ouest 210. Au rez-de-chaussée seront placés les cachots, voûtés en pierre, et divers offices disposés autour de la cour intérieure qu'entourera une galerie formée d'arcades construites en granit avec des liaisons en pierre d'Orgères.

Les pièces du rez-de-chaussée, destinées pour la plupart à servir de cachots, seront voûtées en pierre.

Au premier étage on trouvera sur la façade Sud la grande salle des procureurs et aux deux extrémités quatre chambres ; celles qui donneront vers le Sud seront occupées par la chancellerie et par la chambre des requêtes ; en arrière seront la Table de Marbre et le parquet des gens du Roi.

Dans le bâtiment Est seront installés la grand'chambre ou chambre de l'audience, sa chambre du conseil, son greffe et le parquet des huissiers.

La Tournelle avec son greffe, sa chambre du conseil et la décharge occuperont le bâtiment symétrique à l'Est.

Dans le bâtiment Nord, on placera la chambre des enquêtes et son greffe, les buvettes et les garde-robes.

Des voûtes lambrissées, que couvriront des toitures à croupe rabattue, surmonteront les quatre corps de bâtiments, mais aux quatre angles s'élèveront des pavillons à un ou deux étages qui abriteront les services annexes.

L'édifice sera construit en granite ou en pierre calcaire de Taillebourg, mais on devra préférer le granit pour la façade Sud « pour estre l'œuvre de grande importance et de célèbre effet » ; elle sera décorée dans « un ordre Corinthe suivant l'antique, comme estant approuvé et recogneu par les excelleus autheurs estre l'ordre le plus grave et magnifique, convenable et propre pour décorer et adapter aux Palais et bastimens d'importance ».

Prenons maintenant le plan déposé par Salomon de Brosse le 20 août 1618 et qui a été exécuté : nous imprimons en italique les passages dans lesquels le plan diffère du projet.

Les bâtiments du Sud et du Nord ont *195* pieds ; ceux de l'Est et de l'Ouest *180*. Au rez-de-chaussée existent les cachots voûtés, les offices et la galerie à arcades bâtie en granit et en pierre d'Orgères qui entoure la cour intérieure.

Des voûtes de pierre existent au-dessus de la plupart des salles du rez-de-chaussée.

Au premier étage, voici la grande salle des procureurs et quatre salles à ses extrémités, mais la table de marbre a été remplacée par *la chapelle*.

La grand'chambre et la Tournelle avec leur chambre du conseil et leurs annexes occupent l'une le bâtiment Est et l'autre le bâtiment Ouest. La chambre des enquêtes, les buvettes et les garde-robes sont dans le bâtiment Nord.

La salle des procureurs est couverte d'une voûte en lambris et d'une charpente à croupe rabattue, mais dans les trois autres corps de bâtiment *un deuxième étage* est affecté à divers services annexes. Un troisième étage est situé aux quatre angles que surmontent des toitures en pavillon.

L'édifice est bâti en granit et en pierre calcaire mais le *calcaire* a été préféré pour le parement de la partie supérieure des façades ; vers le Sud la façade est décorée suivant l'ordre corinthien.

Le *perron* et la *galerie* qui donnaient jadis un aspect original ou singulier à la façade Sud ne sont pas mentionnés dans « l'Etat général de toutes choses utiles... », mais ce document n'a pas tout décrit.

Les analogies entre le projet et le plan sont évidentes et portent sur des points essentiels. On pourrait penser à une coïncidence en ce qui concerne le plan général, car tous les couvents et beaucoup de châteaux comprenaient quatre corps de bâtiments entourant une cour intérieure (1) ; mais on ne peut expliquer que par une collaboration avec son obscur confrère ou par l'utilisation de ses travaux antérieurs, l'identité presque complète qui existe entre le plan de Salomon de Brosse et le projet pour l'affectation à donner aux quatre corps de bâtiments, pour la disposition des cachots, des chambres et des annexes, pour la forme des toitures, pour le choix des matériaux. Dès avant son arrivée à Rennes, S. de Brosse a pu avoir communication par le président de Cucé des mémoires et des plans de Germain Gaultier ; il les a certainement connus au cours de la réunion tenue par les commissaires le 11 avril 1618 lorsque tous les plans furent présentés et comparés et lorsqu'on l'invita à modifier le sien ; de ces communications il a fait son profit. Mais si on doit nier qu'il ait accompli le tour de force de faire en quelques jours des plans qui ne sont nullement « bâclés », on doit lui reconnaître le mérite d'avoir heureusement modifié et amendé le grand ou le petit dessein : il a donné plus d'ampleur à la façade ; il a élevé au-dessus de trois des corps de bâtiments un deuxième étage (2) qui a permis d'installer plus convenablement les salles du premier étage ; enfin, et surtout, on doit reconnaître la marque du talent d'un architecte de premier ordre dans la simplicité des lignes et l'excellence des proportions qui font la beauté du palais de Rennes.

Au siècle suivant, lorsque l'incendie de 1720 obligea de reconstruire une partie de la ville de Rennes, des plans

(1) Dans beaucoup de châteaux, la façade principale se trouvait au fond de la cour (Verneuil, Kerjean, etc...) ; le côté opposé du quadrilatère était alors formé par une galerie de circulation qui ne dépassait pas le rez-de-chaussée. Au Palais de Rennes, on paraît avoir voulu combiner les deux genres de plans, puisqu'à la façade du Midi était appliquée une sorte de galerie portant une terrasse qui reliait au premier étage les pavillons du Sud-Est et du Sud-Ouest.

(2) A vrai dire, l'*Etat* de Germain Gaultier est si obscur que l'on ne sait trop s'il propose un ou deux étages.

furent préparés par l'ingénieur Robelin ; les projets ne plurent pas aux échevins rennais qui firent appel, ainsi que leurs devanciers en 1618, à l'architecte du Roi. Celui-ci, Jacques Gabriel, donna satisfaction sur quelques points aux réclamations locales, mais le plan qu'il fit adopter et qui fut suivi est, à peu de choses près, le plan de Robelin. Or il est arrivé pour l'ingénieur ce qui était arrivé pour Germain Gaultier : son nom est à peine cité par les historiens.

En 1618, la communauté de ville ne méconnut pas les services de son architecte; elle lui versa 250 livres tant pour « avoir faict les plans et dessains dudit bastiment du palais que pour aultre menue dépense et mise qu'il a faict pour ce subject depuis l'an 1615 ». Ce payement paraît raisonnable si on le compare à la somme, 1.000 livres, qui avait été allouée le 22 août à Salomon de Brosse pour ses honoraires et pour les frais de son voyage et de quatre personnes qui l'accompagnaient. Germain Gaultier accepta sans difficulté et sans vaine protestation la préférence donnée au plan de son confrère parisien ; il prit son marteau de sculpteur et « accomoda » la première pierre qui fut solennellement posée le 15 septembre, puis il fut tout heureux d'accepter les fonctions de conducteur des travaux aux gages de 600 livres par an (1). Il suivit scrupuleusement les plans qui lui avaient été remis mais, deux fois au moins, il n'hésita pas à avouer son embarras et à demander des conseils à Salomon de Brosse. Au mois de janvier 1619, la communauté de ville lui donna 200 livres pour aller à Paris. A son retour, le 15 mars, il présenta les plans et élévations que Brosse lui avait

(1) Commission du 11 octobre 1618, aux archives d'Ille-et-Vilaine (Parlement, liasse Palais) et délibérations municipales. On déduisait de ces appointements 30 sous par jour lorsqu'il manquait à remplir ces fonctions, sauf en cas de maladie ou pour cause légitime ; les frais de voyage « aux champs » pour achat de matériaux étaient payés à part. Les appointements couraient du jour de l'arrivée de S. de Brosse à Rennes ; Gaultier était invité à présenter l'état de ce qui lui était dû pour travaux faits depuis 1615 jusqu'au 8 août 1618.

remis (1) ; c'étaient les élévations que l'architecte n'avait
pu terminer avant son départ de Rennes ou bien des plans
d'exécution et des dessins de détails. Germain Gaultier
retourna encore à Paris au mois de juin 1620 ; avant de
s'éloigner de Rennes, il avait soin de laisser des instruc-
tions précises à Hervé Pellan ou au maître maçon qui diri-
geait le chantier pendant son absence (2) ; on pourrait se
demander s'il avait quelque expérience de l'art de bâtir
quand on lit le « mémoire fait pour le Palais de Rennes »
qu'il se fit donner par de Brosse au mois de juin 1620 ; les
difficultés pour lesquelles il alla le consulter paraissent
légères. Peut-être voulut-il employer le prestige de l'architecte du Roi pour faire adopter des dispositions qui ne
plaisaient pas aux commissaires du Palais ; peut-être aussi
n'avait-il nul besoin de conseil et voulut-il seulement se
faire payer un voyage à Paris aux frais de la ville comme
on l'en accusa plus tard (3). Quoi qu'il en soit, le mémoire
expose les moyens d'évacuer les eaux qui tombaient dans
la cour extérieure : il suffisait de faire un caniveau pas-
sant sous le bâtiment du Midi et conduisant les eaux à
l'extérieur d'où elles iraient à la rivière en suivant la pente
du terrain. Le maître enseigna aussi les dispositions à
prendre pour maintenir l'horizontalité des façades latérales et racheter la déclivité du sol ; il énuméra les avan-

(1) Registre des commissaires et reg. des délibérations 104 A, folio 28 ;
les documents rapportés de Paris furent mis au greffe de la communauté
de ville, qui ordonna d'en remettre des copies au conducteur des travaux : tout cela est perdu. La requête présentée par G. Gaultier pour
obtenir le payement de son indemnité de voyage porte qu'il avait été
obligé d'attendre assez longtemps à Paris S. de Brosse, qui était retenu
à Orléans. La collaboration de l'architecte protestant à la reconstruction de la cathédrale d'Orléans avait échappé à ses premiers biographes; elle a été signalée par M. J. CHENESSEAU (*Sainte Croix d'Orléans.
Histoire d'une cathédrale gothique réédifiée par les Bourbons*, Paris,
in-4°, T. I, p. 55,78). Le protestant de Brosse ne refusait pas de travailler pour les églises catholiques : celle de ses œuvres qui a été longtemps la plus célèbre et la plus admirée, le portail de Saint-Gervais de
Paris, a servi de modèle à quantité d'églises bâties au XVIIe et au XVIIIe
siècles.
(2) Arch. de Rennes, liasse 251.
(3) Comptes des miseurs de 1620 et pièces annexes.

tages du tuffeau sur le pesant granit pour la construction des voûtes, avantages que Germain Gaultier devait connaître, car toute sa jeunesse s'était passée dans le pays calcaire, dans l'Ile de France et dans la vallée de la Loire ; ajoutons, sans insister, que le mémoire explique avec précision l'établissement des « commodités »; les dispositions recommandées par l'architecte du Roi à Gaultier étaient celles qu'il avait employées au Luxembourg : il fit visiter ces endroits à son élève (1).

La construction fut poussée avec activité ; le conducteur de l'œuvre devait être sur le chantier dès six heures du matin ; lorsqu'il s'absentait, il était ordinairement remplacé par Jean Pellan, qualifié maître maçon ou maître appareilleur. Il n'avait que la direction technique ; un contrôleur vérifiait la présence des ouvriers, recevait les matériaux et payait les salaires (2). Les ouvriers étaient au nombre de quatre-vingt ou quatre-vingt-dix ; les maçons et les tailleurs de pierre recevaient 9 sous par jour sauf l'appareilleur qui touchait 12 sous ; pendant l'hiver, on ne gardait que quelques manœuvres. Les commissaires surveillaient de très près tous les travaux ; ils approuvaient ou blâmaient les achats faits à Rennes (pierre de Saint-Cyr, de Caho), à Cuguen (la Roche-Montbourcher), à Noyal, à Martigné et — pour les dalles de grandes dimensions — jusqu'à Ploemeur, près du Port-Louis ; ils critiquaient parfois Germain Gaultier, par exemple lorsqu'il employait du granit et de la pierre d'Orgères pour les fondations, ou lorsqu'il faisait tailler cette pierre « à pointe fine ».

(1) De Brosse signa ce mémoire en présence de G. Gaultier et « par le commandement de M. de la Marpaudaye et le Sr de la Raudière » ; Gilles Martin de la Marpaudaye était procureur syndic en 1618.

(2) Le contrôleur Boullongue fut remplacé en 1623 par Olivier Gaultier; il n'y a pas lieu de penser que cet Olivier fut parent de Germain, pas plus que les maçons Jean et Pierre Gaultier, employés sur le chantier à la même époque.

Quelques pièces et un énorme registre de marque de 566 feuillets (1) donnent les noms des ouvriers. Ces documents ne nomment pas, et n'avaient pas à nommer, un adolescent, beau-frère du conducteur des travaux, — François Mansart — qui apprenait sur le chantier du palais de Rennes les premiers éléments de l'art de bâtir.

A la fin de 1623, le rez-de-chaussée était en grande partie bâti ; on achetait des matériaux pour la construction du perron ; on avait voûté quelques-uns des futurs cachots ; le 6 ou 7 janvier 1624 on faisait une voûte dans le pavillon Nord-Est, lorsqu'un accident se produisit : « il tomba une des voûtes du Pallais, celle du coin devers la Tour le Bart » (2). L'annaliste ne nomme pas les victimes, il a négligé de dire que Germain Gaultier fut grièvement blessé, si grièvement qu'il succomba deux mois plus tard. Dès la nouvelle de l'accident, le président de Brie invita Jean Besnard des Boucheries, procureur-syndic de la ville, à faire désigner des experts et à provoquer la nomination d'un autre architecte. La communauté de ville ne montra pas la hâte brutale et cruelle du président (3) : sur une requête que fit passer le blessé, on décida qu'on ne ferait rien « jusque à ce que ledit Gaultier soit ouy de bouche ». Mais la guérison se faisait attendre ; le 6 mars les commissaires de la construction se rendirent « sur l'astelier du Palais pour veoir la voûte tombée et faire veoir par arquitectes la cause de la ruine et chutte d'icelle ». Le frère Teillet, architecte des Jésuites, et Pierre Cordier, le jeune, maître maçon, estimèrent que la voûte était trop plate et qu'on avait trop épargné la chaux et le mortier, ils conseillèrent d'élever un pilier de pierre qui soutiendrait la voûte.

(1) Arch. de Rennes, liasse 251. — L'un des ouvriers, Pierre Racine, est qualifié gentilhomme.

(2) *Journal d'un bourgeois de Rennes*, p. 45. Ce journal place l'accident au 7 janvier, le registre des délibérations municipales au 6.

(3) Arch. de Rennes, reg. des délibérations, n° 486 A, folios 8 et 10.

L'architecte mourut cinq jours plus tard ; on lit sur le registre des sépultures de la paroisse Toussaints : « Germain Gaultier, maître architecte, fut inhumé en la nef de l'église devant l'autel Saint-Jean-Baptiste, l'onziesme mars mil six cens vingt et quatre, assisté de messire Jacques Davy » (1).

Sa succession à la direction des travaux fut ardemment convoitée ; dès le jour de l'enterrement plusieurs candidats se présentèrent : Pierre Cordier, Antoine Ageneaux, Jean Cordier, Olivier Venier « et plusieurs autres maîtres maçons se disant architectes » et peut-être aussi Thomas Poussin, mais on voulait un véritable architecte. Jacques Corbineau, membre d'une famille de maîtres d'œuvres manceaux et angevins avait dirigé des travaux importants d'architecture et de sculpture ; en 1624 il travaillait avec son fils à un agrandissement du château de Brissac. Sa réputation artistique et sans doute aussi la recommandation de la famille de Brissac, très puissante à Rennes, lui valurent d'être appelé le 22 mars devant les commissaires du palais ; il fut choisi quatre jours plus tard pour succéder à Germain Gaultier comme conducteur des œuvres de la ville et du bâtiment du Palais. On lui fit *jurer* de suivre le plan de Salomon de Brosse (2).

Un long et obscur procès-verbal de l'état des travaux dressé au mois de septembre 1625 établit que le rez-de-

(1) Arch. de Rennes, Etat Civil. Tous les actes de sépulture de Toussaints de cette époque sont rédigés avec la même concision, sauf ceux des personnages considérables ; les noms des parents ne sont pas donnés, mais on nomme le prêtre qui avait assisté le défunt à ses derniers moments.

(2) Arch. de Rennes, reg. des délibérations 486 A, folios 25 à 28 ; premier registre de la Commission ; ses gages furent fixés à 500 l. — On trouvera d'intéressants renseignements sur la famille Corbineau dans le meilleur livre qui ait été publié sur les artistes provinciaux d'une ville de l'Ouest : *Notes sur quelques artistes lavallois au* xviie *siècle*, par J.-M. Richard (Laval, 1907, in-8°) ; l'auteur pense que le choix de Corbineau fut suggéré, peut-être même imposé, au Parlement par S. de Brosse lui-même : la lecture des délibérations de la commission du Palais ne permet pas de retenir cette hypothèse.

chaussée était construit ; les murs extérieurs atteignaient le cordon qui marque le commencement du premier étage ; les arcades de la galerie intérieure étaient faites ainsi que la plupart des voûtes des cachots ; on allait commencer la construction du grand perron.

Pendant quelques années les chantiers furent dirigés par Jacques, Etienne et Pierre Corbineau et par leur cousin et compatriote Léonard Malherbe ; à partir de 1627 environ les travaux furent menés très mollement et presque abandonnés. La ville était décimée par une épidémie ; une partie du produit de l'impôt fut employée à la construction d'un lazaret et les Corbineau allèrent exercer leur art dans d'autres villes. En 1636, sur l'initiative d'un conseiller, M. de Keraly, le Parlement s'adressa à une compagnie d'entrepreneurs de travaux publics de Paris, dirigée par Guillaume Mathurin, Jean Duris (1) et Pierre Hardy qui construisaient une partie de la nouvelle enceinte de la capitale et les fortifications de plusieurs villes de Picardie (2). Les pourparlers n'aboutirent pas ; on dut recourir à Tugal Caris, architecte-sculpteur de Laval, dont la direction (1610-1616) fut néfaste ; il commit sans doute au Palais les mêmes monstruosités architecturales qu'à la façade de la Cathédrale, car le Parlement dut faire démolir à peu près tout ce qu'il bâtit (3). Pierre Corbineau, conducteur des travaux à partir de 1616, était au contraire un architecte de valeur et d'une activité qu'attestent des travaux accomplis à Rennes, Dol, Brie, Château-Gontier, Laval, La Flèche, Redon, Angers,

---

(1) Duris ou Dury était le neveu de Salomon de Brosse et le parent des Androuet du Cerceau ; ses ancêtres et ses descendants, pendant quatre générations au moins, exercèrent la profession d'architecte en France, puis, après la révocation de l'édit de Nantes, en Allemagne.

(2) Minutes d'arrêt de grand chambre du 29 février et 10 mars 1636 ; registres secrets, aux 29 février, 4, 7 et 10 mars. Carton de la correspondance de la cour.

(3) Procès-verbal du 31 janvier 1617 (Arch. de Rennes). — Tugal Caris, meilleur sculpteur qu'il n'était architecte, a construit les beaux autels de Redon (1634-1636) et de Gaël (1650).

Evron, Piré, Domalain et Nantes (1). Il eut là gloire d'achever la construction du palais qui fut inaugurée le 11 janvier 1655. Trente-sept ans s'étaient écoulés depuis le jour de la pose de la première pierre.

Il est remarquable qu'un édifice dont la construction fut si longue soit dans son ensemble et dans ses détails presque complètement conforme au projet primitif de Salomon de Brosse et de Germain Gaultier tel que nous le font connaître les plans et les références au devis semées dans les procès-verbaux de l'état des travaux dressés de 1625 à 1648. Les seules modifications importantes sont celles qui ont été faites par J. Gabriel en 1726 ; quelques auteurs cependant ont répété que le plan avait été modifié ou transformé par l'architecte Corbineau, parfois appelé Cormeau (2) ; l'erreur est certaine. La table des registres secrets du Parlement apprend, il est vrai, que la Cour ordonna les 31 mars et 15 avril 1643 de corriger « quelque inconvénient, difformité et disproportion » et qu'un ordre semblable fut donné en 1653, mais si l'on prend la peine de lire le registre (3) auquel renvoie la table, on cons-

(1) Dans la seconde moitié de sa vie, Pierre Corbineau fut aidé par son fils Gilles et par son beau-fils, François Houdault, architectes et sculpteurs comme lui.

(2) État des travaux en 1625, mémoire de ce qui reste à faire en janvier 1627, état des ouvrages qui restent... en 1636, devis du 30 mars et marché du 28 avril 1640 aux archives du département ; état en 1624, adjudication du 8 novembre 1646, procès-verbal du 31 janvier 1647 et marché du 13 mars 1648, aux archives de Rennes, etc... — Il existe quelques intéressantes vues anciennes du Palais : 1° Gravure illustrant une thèse de 1690, reproduite dans SAULNIER, *Le Parlement de Bretagne*, T. I, p. 329 ; PANNIER, *S. de Brosse*, p. 221; 2° Dessin de Huguet représentant la construction de la place du Palais en 1724, au musée de Rennes, en très mauvais état, reproduit d'après un dessin à la plume de Busnel, par SAULNIER, *Parlement*, T. II, frontispice, et par BANÉAT, *Vieux Rennes* (1927), p. 388 ; 3° L'incendie de Rennes, dessin du même gravé par Thomassin, reproduit par BANÉAT, *Vieux Rennes*, p. 386 ; 4° Inauguration de la statue de Louis XIV en 1726, très jolie gouache de Huguet au musée des arts décoratifs à Paris, gravée par Milcent, reproduite par SAULNIER, *Parlement*, T. II, p. 665 ; 5° Élévation de la façade, non signée, datée du 19 novembre 1724, aux archives d'Ille-et-Vilaine, c. 315.

(3) Registre secret 180, folios 20 et suivants ; arrêt de grand'chambre du 20 août 1653 (Archives d'Ille-et-Vilaine).

tate dans la construction de la charpente, malfaçon peu importante que l'entrepreneur corrigea en quelques semaines (1).

Voici les seules différences notables que l'on peut signaler entre le projet de Brosse et Gaultier et l'édifice actuel:

Façade Sud. — Ici un changement très important a été apporté par J. Gabriel en 1726. On a détruit la terrasse portée par une galerie qui reliait au rez-de-chaussée les deux avant-corps, et le vaste perron qui donnait accès à la terrasse sur laquelle se trouvait la porte principale de l'édifice.

Porte. — Cette porte, devenue en 1726 une porte-fenêtre, était autrefois surmontée d'un buste du Roi figuré sur toutes les vues anciennes ; de chaque côté se trouvent deux colonnes de pierre calcaire : le devis les voulait de marbre.

Fronton. — La construction primitive s'écroula en 1680 ; le fronton a été plusieurs fois restauré et les sculptures ont été en partie refaites en 1862; le principal motif décoratif est un cadran solaire inscrit dans un cadre carré à fortes moulures qui ne s'accorde guère avec les lignes verticales du pilastre voisin ; plus anciennement le cadran était peut-être circulaire (2). Mais qu'il soit rond ou carré, un cadran solaire est un ornement bien vulgaire pour occuper la place d'honneur dans la façade du palais d'une

(1) Dans la réédition faite en 1843 du *Dictionnaire de Bretagne* publié en 1728 par OGÉE, on lit : « le sieur Cormeau, architecte, fut nommé pour conduire l'œuvre à sa perfection » en 1624, — ce qui est exact, sauf l'erreur d'impression dans le nom de Corbineau. Mais l'erreur a fait son chemin : quelques auteurs ont doté le prétendu Cormeau ou Courmeau d'une biographie distincte de celle de Corbineau, par exemple BAUCHAL, *Dictionnaire des Architectes*, p. 140.

(2) La vue du Palais en 1690 lui donne cette forme ; les dessins faits par Huguet de 1721 à 1726 ne figurent aucun cadre entourant les chiffres des heures.

Cour souveraine ; il est mentionné pour la première fois dans des pièces concernant les travaux faits après l'accident de 1680 (1). Le projet de Salomon de Brosse ne comportait pas de cadran mais une « devise », c'est-à-dire un bas-relief allégorique; au-dessus devait se trouver une plaque de marbre destinée à recevoir une inscription ; au sommet, enfin, on aurait vu l'écusson royal entouré des colliers des ordres. On ne doit pas douter que Salomon de Brosse et Germain Gaultier auraient fait sculpter un écusson plus majestueux que celui que nous voyons accroché au milieu du fronton circulaire. Ainsi que nous l'a fait remarquer M. l'architecte Nitsch, le beau fronton érigé au sommet de la façade de la cathédrale reproduit assez exactement le projet de S. de Brosse. Au palais, de chaque côté du cadran solaire, existent deux pilastres que sépare un espace plein ; d'après le projet on devait y aménager des niches où auraient été placées des statues (2). Toute cette décoration était bien dans le style des frontons exécutés par S. de Brosse pour la porte de la Conférence, pour la porte Saint-Honoré et pour l'hôtel des Soissons à Paris.

Balustrade et statues. — Au sommet du mur existe une belle balustrade qui masque la base du toit ; elle est formée de balustres qu'interrompent des massifs de maçonnerie correspondant aux pilastres existant à l'étage inférieur. Sur quatre au moins de ces massifs ou acrotères que les états des travaux appellent des *corps carrés*, on devait placer des statues, mais quelles statues ? Les *états* de Corbineau de 1621 et 1625 semblent indiquer des groupes de deux personnages, probablement des allégories (3) ;

(1) Archives de Rennes, carton 254 : le peintre Lemaistre reçut 40 livres pour avoir peint le cadran.

(2) *États* des travaux de 1621 et de 1625 ; bail de la maçonnerie au 8 novembre 1646. — Des socles de granit (visibles des lucarnes du toit) attendent toujours les deux statues annoncées en 1646.

(3) « Sur lesquels corps sont portés en chacun deux figures » (*État* de 1624, folios 17 et 21).

l'*état* présenté par Pierre Hardy en 1636 propose « les statues du Roy, du défunt Roy Henry le Grand et de Mgr le Cardinal, gouverneur de la Province, et autres figures rapportées aux plan et devis », qui ne demandait certes pas de statue du Cardinal de Richelieu. Ces statues n'ont jamais été faites (1).

Toiture. — La crête de plomb formée de fleurs de lys peintes en jaune et d'hermines peintes en noir qui avait été détruite pendant la Révolution a été heureusement restituée, sauf la peinture, au xixe siècle ; cette décoration devait être complétée par des pentes de plomb doré figurant des pots à feu, des draperies et des feuillages appliqués sur le toit d'ardoise (2). On voit que l'architecte voulait donner à la partie supérieure du palais — fronton, balustrade et toiture — une décoration très somptueuse qui n'a pas été exécutée ou qui n'existe plus.

Place. — Les travaux de Robelin et de J. Gabriel ont plus que triplé l'étendue de la place située devant le monument, qui parait maintenant manquer d'élévation (3). Ne pouvant l'exhausser, on a essayé d'obtenir le soubassement qui lui manque en abaissant le sol de la place. Il est impossible d'obtenir un résultat qui soit satisfaisant, mais si l'on veut apprécier la valeur de l'œuvre de Salomon de Brosse on doit se garder d'aller au bas de la place, comme le font ordinairement les photographes :

(1) Marché du 6 mars 1629 (Archives de Rennes, carton 143 z).

(2) Le projet primitif ne comportait pas de statuettes aux angles de la crête ; on en plaça dès le xviie siècle. Et dès 1645, il fallut remplacer le glaive et les balances de la Justice qui étaient tombées (Archives de Rennes, compte des miseurs). On a dit que les statues anciennes qui furent détruites pendant la Révolution représentaient des illustrations bretonnes telles que Bertrand du Guesclin et Olivier de Clisson ; les gravures et les dessins anciens prouvent qu'elles figuraient des allégories : on reconnait entre les mains de l'une d'elles la balance traditionnelle. En 1869, quatre statues, œuvres de Dolivet, ont remplacé sur la façade celles qui avaient été détruites en 1792.

(4) D'après un plan du Palais et de ses abords dressé en 1671 (Archives d'Ille-et-Vilaine, Parlement, carton des plans), la place avait 30 à 35 mètres

l'énorme toit paraît hors de proportion avec le monument qu'il écrase. Il faut se placer presque au pied de la façade et regarder le palais de l'endroit où il pouvait être vu au temps de l'architecte; les lignes fuyantes du toit ne produisent plus une impression choquante (1).

Façades latérales. — Des fenêtres ont été ouvertes au XIXe siècle pour les besoins des services installés dans les salles du rez-de-chaussée. Par contre la construction de l'énorme plafond suspendu au-dessus de la grand'chambre força, au XVIIe siècle, de murer cinq fenêtres du second étage. Nous ne savons si les fenêtres-lucarnes qui éclairent cet étage ont été dessinées par les premiers architectes ou par les Corbineau.

Cour intérieure. — Elle a été considérablement rétrécie par la construction en 1725 du bel escalier conduisant au premier étage. L'éminent biographe de S. de Brosse, M. Pannier, a trouvé une certaine analogie entre la cour de Rennes bordée de deux galeries superposées et la cour du Palais Pitti de Florence, « mais l'ombre, si agréable sous le ciel de l'Italie, est bien sombre sous la brume du Nord » (2). Il n'est pas certain que suivant le projet primitif les baies dussent être garnies d'huisseries : quoi qu'il en soit la brume du Nord a contraint à les fermer.

Salle des Pas Perdus, jadis des Procureurs. — Cette salle, la plus vaste du palais, occupe l'emplacement le plus favorable ; ses fenêtres ouvrent largement vers le Midi. Germain Gaultier, dans son grand ou dans son petit dessein, la plaçait au même endroit, mais il ne la voulait pas aussi vaste. Lorsque Salomon de Brosse vint à Rennes au mois d'août 1618, il préparait le projet de reconstruction de la grande salle du Palais de Justice de Paris, incendiée le 7 mars; peut-être pensa-t-il que la salle des

____

(1) Le plan de 1618 marque des portails fermant les rues latérales à l'Est et à l'Ouest (rue Hoche et rue Salomon de Brosse) ; il est très probable que ces portails n'ont jamais été construits.

(2) *Salomon de Brosse*, p. 217.

procureurs tiendrait dans la vie rennaise une place aussi importante que la galerie du palais dans la vie de la capitale. Il lui donna des dimensions extraordinaires et lui attribua une décoration analogue à celle qu'il allait exécuter à Paris. Cette décoration devait comprendre, entre les fenêtres, des pilastres appliqués aux murs (1), qui portaient sur des arcs cintrés une grande voûte en lambris. Cette décoration fut peut-être commencée, mais elle fut abandonnée dès 1618 ; les murs latéraux ont été revêtus d'un enduit, refait à l'époque moderne dans des conditions déplorables ; l'ornementation de la voûte fut imaginée en 1658 par le menuisier Pierre Thomas (2). Les belles portes à deux battants en bois sculpté qui se trouvent aux extrémités de la salle sont dues à Pierre Corbineau, ainsi que les petites portes voisines (3).

Autres salles. — Elles ont été construites et distribuées dans les conditions établies par le plan de 1618, sauf, peut-être, quelques pièces du second étage ou « galetas ».

Décoration intérieure. — Les références au devis inscrites dans les procès-verbaux de l'état des travaux ne font aucune allusion à la décoration intérieure, sauf en ce qui concerne la salle des procureurs, les portes d'entrée de la tournelle et de la grand'chambre (4) et les pou-

---

(1) Ils sont indiqués sur le plan de 1618 ; larges de deux pieds, ils devaient faire par rapport aux murs une saillie de 8 pouces environ (*État de 1624*).

(2) Archives d'Ille-et-Vilaine, série B, Parlement, minute d'arrêt de grand'chambre du 10 avril 1658.

(3) Minute d'arrêt du 13 janvier 1653. La décoration de l'encadrement, en pierre, des petites portes comportait des écussons qui, bien entendu, ont été détruits ; à l'une des portes de l'ouest, on voit encore quelques vestiges du collier de l'ordre de l'Épi qui entourait l'écu de Bretagne.

(4) Arrêt de grand'chambre du 13 janvier 1659. — La porte de la grand'chambre donnant sur la galerie serait digne de la beauté de cette salle si on rétablissait l'encadrement architectural dans son état primitif ; les pilastres ou les colonnes qui soutenaient ce fronton ont disparu ; le beau fronton est couvert d'une épaisse couche de peinture brunâtre ; l'écusson royal entouré du collier des ordres a été sauvagement mutilé. Toute l'ornementation de la porte de la Tournelle a été détruite.

trelles des salles d'audience. Le 9 septembre 1625, Corbineau exposait dans son mauvais style embarrassé et singulièrement obscur qu'on devrait peindre « les poutres avecque les armes du Roy et les armes de Bretaigne, toutes lesquelles pièces seront faites en cerques de relief avec des roses, boutons de fleurs, fleurs de lys et hermines et autres jolivetés ; ... dorer, azurer et émailler toutes ces pièces : aux soliveaux des filets d'or et d'azur semés de fleurs de lys, d'hermines et d'étoiles... ; et au-dessus des tapisseries il sera fait des moresques et grotesques... » ; les frais étaient évalués à 24.000 livres (1). Germain Gaultier et Salomon de Brosse avaient peut-être esquissé un projet conforme au goût de leur temps. Quarante ans plus tard, la mode avait changé. Dans la somptueuse décoration du palais, rien n'appartient au style Louis XIII ; les peintres et les sculpteurs Errard, Jouvenet et Ferdinand, Thomas. Gillet et Dumesnil ont suivi le goût qui régnait de 1656 à 1706. Le principal effort porta sur les plafonds et l'on sacrifia au désir de les avoir très beaux, mais démesurés, quelques dispositions architecturales des salles. Si certaines chambres, comme celle de la Tournelle, paraissent basses pour leur étendue, si, ailleurs, l'embrasure des fenêtres dépasse la naissance des plafonds, les premiers architectes ne doivent pas être rendus responsables de ces imperfections qui n'existeraient pas si l'on avait fait des plafonds plus simples, aux poutrelles apparentes, peintes et dorées, tels que ceux que l'on faisait en 1618.

IV

Les descendants de Germain Gaultier

Les architectes que nous avons nommés au cours des pages qui précèdent appartenaient à des familles dans les-

---

(1) *État de 1625* (Archives d'Ille-et-Vilaine, Palais).

Catherine GAULTIER épouse Pierre GIFFART, peintre.	Michel GAULTIER, sculpteur, épouse Noémie PILON, sœur de **Germain PILON**, sculpteur.						
Germaine GAULTIER, née en 1568.	**Germain GAULTIER** (1571-1624), sculpteur et architecte, ép. : 1° Marie MANSART, sœur de **François MANSART** ; 2° Macée MÉRAULT.						
Michelle GAULTIER, née 1605, ép. Edme DELISLE, peintre, m. 1667.	Marie GAULTIER (1608-16..), ép. 1637 Raphaël HARDOUIN, peintre (1612-1666 ou 1667).						
Pierre DELISLE, m. 1720, architecte.	Marie DELISLE ép. : 1° 1663, Jacques IV GABRIEL, entrepreneur, m. 1686 ; 2° 1687, Gilles DE JUIGNE.	**Jules HARDOUIN-MANSART**, architecte (1646-1708), ép. 1668 Anne BODIN.			Michel HARDOUIN, architecte (1647-1687), ép. : 1° 1667, Nic.-Gen. NANTEUIL, s. p. ; 2° 1677, Marie HINARD.		
Franç. GABRIEL (1664-1727) ép. 1689 Marie DE LA PALME.	Jacques **V. GABRIEL**, architecte (1667-1742), ép. 2° 1698 Elisabeth BESNIER.	Catherine-Henriette HARDOUIN-MANSART, née en 1673, ép. 1693 C. LE BAS DE MONTARGIS.	Catherine, ép 1694, MAYNON, m. 1700. s. p.	Jacques HARDOUIN-MANSART (1678-1762), ép. 1° Mad. BERNARD, s. p. ; 2° 1726. M.-G. DUGUENI.	Marie-Julie HARDOUIN (1678-1704), ép. Jac DESJARDINS contrôleur des bâtiments.	Pierrette HARDOUIN ép. 1703 P. DE L'EPINE.	Jules-Michel-Alexandre (....-1737), architecte, contrôleur des bâtiments.
Pierre GABRIEL et 6 filles.	Jacques-Ange GABRIEL, architecte (1698-1782), ép. Catherine-Aug. DE LA MOTTE	Catherine LE BAS DE MONTARGIS (1695-1728), épouse 1714 J.-F HÉNAULT, s.p	Charlotte LE BAS, née 1697, épouse 1715 Louis D'ARPAJON.	Jean HARDOUIN-MANSART DE JOUY né 1705, ép. 1° 1747, G.-A. DE MARINE ; 2° 1750. M.-M. JULIEN DE LA VILLETTE.	Jacques HARDOUIN-MANSART DE SAGONNE (1709-1778). Architecte, ép 1734 O. MARCHEBOURG.		
Ange-Antoine GABRIEL, architecte (1735-1782).	Ange-Charles GABRIEL.	Anne-Claudine-Louise D'ARPAJON, m. 1794, ép. 1741, Philippe DE NOAILLES, duc de Mouchy, maréchal de France (1715-1794).					

quelles les vieux usages de l'apprentissage et du compagnonnage maintenaient les bons principes artistiques fortifiés encore par des alliances avec des familles inbues des mêmes traditions. Les Brosse et les Dury étaient alliés aux Androuet du Cerceau, bâtisseurs comme eux de palais et d'édifices publics ; les Corbineau et les Malherbe étaient parents des Houdeault et des Huguet qui furent leurs associés ou leurs rivaux dans la construction de nombre d'églises, d'autels et de couvents dans le Maine, en Anjou et en Bretagne pendant tout le XVII° et le XVIII° siècle. La descendance de Germain Gaultier atteste la même fidélité à l'art de bâtir et présente des noms aussi célèbres que celui de son oncle et maître, l'illustre Germain Pilon.

On a vu que Germain Gaultier, fils du sculpteur Michel Gaultier et de Noëmie Pilon, épousa en premières noces Marie Mansart. Devenu veuf, il se remaria à Marie Mérault, de laquelle nous ne savons rien. Le nom Mérault existait à Paris : Antoine Pilon, fils de Germain, et par conséquent cousin germain de Germain Gaultier, épousa en 1616 Catherine Mérault, et des actes suffisamment nombreux permettent de suivre l'histoire de ces Mérault qui faisaient partie de la haute bourgeoisie parisienne (1) ; ils ne renferment aucune mention de Macée ni des Gaultier. Vraisemblablement, la deuxième femme de notre architecte appartenait à une famille rennaise très nombreuse à cette époque et dont plusieurs membres remplissaient des emplois municipaux. Le fait que Macée Mérault continua à résider à Rennes après la mort de son mari nous confirme dans l'opinion qu'elle était originaire de la ville. Elle vivait encore en 1629, habitait dans la rue de la Haute-Baudrairie et payait un modeste impôt de

(1) Bibliothèque Nationale. Pièces originales, t. 2279, dossier 51557. (Renseignements fournis par M. B. Pocquet du Haut-Jussé). Le *Dictionnaire de la Noblesse* de La Chesnaye des Bois donne une généalogie des Mérault, de Paris.

six deniers (1). Il ne semble pas qu'aucun enfant soit né du deuxième mariage de Germain Gaultier (2).

La famille de sa première femme, Marie Mansart, était d'origine parisienne car on ne doit pas prendre au sérieux la généalogie que l'on offrit aux Mansart lorsqu'ils furent devenus célèbres et riches pour les rattacher à une ancienne et noble maison italienne.

Plusieurs Mansart ou Manchart furent sculpteurs, peintres ou maîtres d'œuvre à Paris au commencement du XVII° siècle. Absalon Mansart, père de Marie, maître charpentier ou « charpentier du Roi », mourut le 11 juin 1610, laissant sept enfants ; sa veuve, Michelle Le Roy, se remaria dès le 8 mai 1611 à Denis Adam, maître boulanger (3). L'un des plus jeunes des orphelins, François Mansart, né le 23 janvier 1598, manifestait déjà la vocation artistique : il fut tout naturellement recueilli par son beau-frère, de 27 ans plus âgé que lui, l'architecte Germain Gaultier. Dans la biographie de Mansart écrite par son contemporain, P.-J. Mariette, on lit en effet « qu'il étudia d'abord l'architecture sous son beau-frère Germain Gaultier, architecte du Roy, qui était à Paris. Il demeura avec lui fort longtemps et fut en Bretagne avec ledit Gaultier qui y mourut en travaillant au palais de Ren-

(1) Archives de Rennes : comptes des miseurs et rôle de la cinquantaine. — Nous n'avons trouvé qu'une seule mention de Macée Mérault dans les registres de l'état civil, très incomplet, de Rennes : le 8 février 1622, elle fut marraine en l'église Toussaint de Julien Subtil, fils de Guillaume et d'Anne Chapon.

(2) Le nom Gaultier est aussi répandu dans la région de Rennes que dans le reste de la France. Rien ne permet de rattacher à Germain Gaultier les personnages suivants que nous citons parce qu'ils exerçaient des professions artistiques : François Gaultier, architecte à Quintin en 1631 ; André Gaultier, orfèvre à Rennes, protestant, 1643-1680 ; Gaultier, peintre à Rennes, 1649 ; Guillaume Gaultier, maître menuisier à Rennes, époux de Michelle Delisle, vers 1680 ; Jacques Gaultier des Forges, architecte à Saint-Brieuc en 1672 ; Jean Gaultier marbrier sculpteur à Laval en 1670 ; Guillaume Gaultier, architecte à Angers en 1690. — En 1668, existait à Montmorillon un magistrat nommé Germain Gaultier, écuyer, Sr de Lézes.

(3) JAL, *Dictionnaire*, p. 832.

nes » (1). Ce récit renferme une légère erreur; en 1610, Gaultier n'habitait plus Paris : ce fut à Rennes qu'il reçut son neveu à moins qu'il n'ait commencé son éducation alors que François était tout enfant, avant son propre départ de Paris et avant la mort d'Absalon. On sait fort peu de chose sur la jeunesse du célèbre architecte. Nous ne saurions dire s'il résida à Rennes jusqu'à la mort de son beau-frère en 1624 ; les pièces concernant la construction du palais ne le nomment pas, mais les comptables n'auraient eu à le citer que s'il avait été payé comme adjoint à Germain Gaultier qui n'avait pas besoin d'aide, ou comme ouvrier. On lui a attribué la construction, en 1625, du portail de l'église des Feuillants à Paris, travail qui suppose une éducation artistique poussée ailleurs qu'à Rennes, mais l'attribution d'une œuvre aussi importante à un jeune homme de 27 ans parait peu vraisemblable. On peut suivre la carrière de François Mansart à partir de 1632, date de la construction de l'église de la Visitation de la rue Saint-Antoine (aujourd'hui église protestante). Cette carrière fut très brillante ; plusieurs des édifices qu'il avait construits ont été détruits, mais on admire toujours l'église et les bâtiments du Val de Grace, l'ancien hôtel de La Vrillière, l'aile de Gaston d'Orléans au château de Blois, les châteaux de Maisons, de Balleroy, etc. François Mansart habita Paris jusqu'à sa mort en 1666 et ne revint probablement jamais en Bretagne ; un édifice de Rennes, l'ancien hôtel abbatiale de Saint-Melaine (aujourd'hui école de Droit) rappelle sa « manière », mais l'hôtel fut commencé, semble-t-il, un ou deux ans après la mort de l'architecte (2).

(1) *Abecedario de P.-J. Mariette*, publié par P. DE CHENNEVIÈRE et A. DE MONTAIGLON, dans les *Archives de l'Art français*. Paris, 1851-1853, 2e série, T. III, p. 247-248.

(2) L'hôtel fut construit sous l'abbatiat de Jean d'Estrades (1665-1684) dont le buste était jadis placé au-dessus du cintre du fronton de la façade. Mansart avait choisi le même emplacement, assez singulier, pour placer le buste de Gaston d'Orléans au château neuf de Blois.

Germain Gaultier eut deux enfants de Marie Mansart. Michelle, née à Angers le 20 novembre 1605, épousa le peintre Edme Delisle : on trouvera l'état généalogique de leurs descendants après celui que nous allons consacrer à sa sœur cadette. Nous emprunterons les éléments de cet exposé à l'intéressante étude de M. l'abbé L. Meister, *les origines beauvaisines et la descendance de Jules Hardouin-Mansart* (1).

Marie Gaultier naquit à Paris et fut baptisée le 10 février 1608 dans l'église Saint-André des Arts, où avait été baptisé son père; elle eut pour parrain Barthélemy Tremblay, peintre et sculpteur ordinaire du Roi, et pour marraine Perrette Boquely, femme de Labbé, peintre (2); elle avait 29 ans quand elle se maria, bien que l'acte de mariage la dise âgée de 26 ans, mais en ajoutant, il est vrai, « ou plus ». Elle épousa le 21 février 1637 Raphaël Hardouin (1611-1666 ou 1667), peintre du Roi, qui descendait d'une ancienne famille d'ouvriers d'art du Beauvaisis et de l'Ile de France. Son aïeul Scipion et son père Bertin, son frère et son beau-frère étaient peintres; les lettres de noblesse octroyées en 1682 à son fils Jules Hardouin-Mansart affirment que Raphaël Hardouin fut l'un des peintres ordinaires du Roi et fit preuve d'une expérience consommée dans son art. Cinq enfants naquirent du mariage Hardouin-Gaultier ; trois moururent en bas âge ou non mariés ; les deux autres furent Jules Hardouin qui devait devenir célèbre sous le nom de Hardouin-Mansart (1646-1708) et Michel Hardouin (1647-1687).

<hr>

(1) *Mémoires de la Société Académique d'Archéologie, Sciences et Arts de l'Oise*, 1925, T. XXV, p. 115-138.

(2) Bibl. Nat., Mss. 12.110 des Nouvelles acquisitions françaises (acte n° 29.456 du LXXII° volume des notes d'Etat Civil recueillies par M. de Laborde). — Le même volume fait connaître trois peintres nommés Gaultier qui habitaient la paroisse Saint-Laurent : François, dont la veuve, Marguerite Fauchet, âgée de 90 ans, mourut en 1634; Jean, marié en 1637; Germain, inhumé en 1647. Ces Gaultier ne figurent pas à titre de parents ou de parrains dans les actes concernant les Gaultier de Saint-André-des-Arts, et réciproquement; nous croyons que ces deux familles n'étaient pas apparentées.

Jules Hardouin fut l'élève de son grand-oncle François Mansart et joignit son nom au sien, par reconnaissance peut-être, et peut-être aussi, ainsi que l'affirme Saint-Simon qui ne l'aimait pas, par habileté : « Pour s'illustrer dans son métier, où il n'était pas habile, il prit le nom de son oncle (1), et fut meilleur, plus habile et plus heureux courtisan que le vieux Mansart n'avait été architecte ». Le savant auteur du *Dictionnaire critique de biographie et d'histoire*, Jal, qui cite cette diatribe, ajoute : « Ceci est prodigieusement injuste » ; on ne saurait mieux dire. Hardouin-Mansart fut le grand architecte du règne de Louis XIV, au temps de « la folie des bâtiments ». On ne peut songer à énumérer toutes ses œuvres, mais on ne peut se dispenser de nommer Versailles et la chapelle royale, les châteaux du Grand Trianon, de Clagny et de Marly, la place des Victoires et la place Vendôme, l'hôtel et le dôme des Invalides. Il était habile en son métier quoi qu'en dise Saint-Simon, mais il savait aussi recueillir des avantages personnels : anobli en 1682, intendant en 1684 puis inspecteur général en 1691 des bâtiments du Roi, chevalier de Saint-Michel en 1693, il fut enfin pourvu en 1699 de la charge considérable de surintendant et ordonnateur des bâtiments du Roi et protecteur de l'académie de peinture et sculpture ; il devint la même année comte de Sagonne. D'heureuses spéculations sur les terrains à bâtir de Paris et de Versailles lui procurèrent une fortune énorme. Bon parent, semble-t-il, il reçut dans son atelier son cousin Jacques Gabriel et son beau-frère Robert de Cotte (2); il obtint des lettres de noblesse pour eux et pour son neveu Jacques Desjardins, contrôleur des bâtiments. Il ne dirigea aucun travail en Bretagne ; tout au plus eût-il à contrôler

(1) Saint-Simon fait ici la même erreur que la plupart des biographes de Hardouin-Mansart : François Mansart était son grand-oncle et non pas son oncle. Dans un autre passage des mémoires, Saint-Simon raconte qu'on soupçonnait Hardouin d'être le bâtard de François Mansart.

(2) Germain Boffrand, de Nantes (1667-1754), architecte et ingénieur, fut aussi l'élève de Hardouin-Mansart.

certains projets en qualité de surintendant et ordonnateur
général des bâtiments du Roi : le 8 août 1700 il mit son
visa au devis préparé par l'ingénieur Garengeau pour des
travaux de consolidation à la façade et à la tour Saint-
Samson de la cathédrale de Dol (1).

Jules Hardouin-Mansart épousa en 1668 Anne Bodin,
fille d'un trésorier de la prévôté de l'hôtel et sœur de la
femme de l'architecte Robert de Cotte. Anne Bodin lui
donna cinq enfants ; deux moururent jeunes ; deux filles
et un fils vécurent ; l'une des filles, Catherine, femme du
conseiller au parlement Vincent Maynon, mourut en cou-
ches en 1700. Sa sœur aînée Catherine-Henriette, née en
1673, épousa en 1693 Claude Le Bas de Montargis, marquis
du Bouchet, dont elle eut deux filles : Catherine, née en
1695, mariée en 1714 au célèbre président Hénault, morte
sans postérité en 1728, et Catherine-Henriette, née en 1697,
femme en 1715 du marquis Louis d'Arpajon, dont elle eut
une fille ; celle-ci, Claudine-Louise fut guillotinée le
27 juin 1794, le même jour que son mari Philippe de
Noailles, duc de Mouchy, maréchal de France (1715-1794).
Les familles de Noailles de Mouchy, de Durfort de Duras
et de Nicolaï, représentent dans cette branche la descendance de Hardouin-Mansart et de l'obscur Germain
Gaultier.

Jacques Hardouin-Mansart, unique fils du surintendant
des bâtiments, n'hérita ni du talent, ni de l'habileté de son
père. Son insuffisance lui fit retirer les fonctions d'intendant de province. Sa vie privée fut déplorable: il n'eut pas
d'enfant de sa femme Madeleine Bernard, fille du finan-
cier Samuel Bernard, mais il en eut six, nés entre 1701
et 1711, de Guillemette Dugueni, fille d'un maître à danser,
qu'il finit par épouser en 1726. Quatre de ses enfants
moururent jeunes ; les deux autres reprirent la profession
ancestrale : Jean Hardouin-Mansart de Jouy donna les

(1) Archives de Loire-Inférieure, B. 4006.

plans en 1752 du triste portail de l'église Saint-Eustache de Paris ; son frère, Jacques Hardouin-Mansart de Sagonne (1709-1778), fut nommé architecte du Roi en 1752 et entra à l'académie d'architecture ; il dirigea la construction de Saint-Louis de Versailles (1).

Il nous faut revenir de trois degrés en arrière pour suivre l'histoire du fils cadet de Raphaël Hardouin et de Marie Gaultier. Michel Hardouin (1647-1687), qui ne prit jamais comme son frère Jules le nom de Mansart, épousa en 1667 Nicolle-Geneviève Nanteuil, fille du célèbre graveur Robert Nanteuil ; veuf sans enfant en 1676, il se remaria en 1677 à Marie Hinard (1649-1731), fille du premier directeur de la manufacture de tapisseries de Beauvais. Michel Hardouin fut architecte ; il dût sans doute au crédit de son frère la charge de contrôleur général des bâtiments du Roi ; il mourut jeune encore sans avoir atteint la célébrité. Ses filles épousèrent, l'une, Marie-Julie (1678-1704), Jacques Desjardins, contrôleur des bâtiments de Marly, fils de Martin van den Bogaert, dit Desjardins, sculpteur hollandais ; l'autre, Pierrette, un avocat, Pierre de l'Epine. Le fils de Michel Hardouin, Jules-Michel-Alexandre, membre de l'académie d'architecture et contrôleur des bâtiments du Roi, mourut en 1737 sans avoir été marié. Les archives de la paroisse Saint-Sauveur de Dinan possèdent le rapport qu'il fit le 2 décembre 1718 sur la construction du beau maître-autel de l'église.

Nous allons trouver dans la postérité de la fille ainée de Germain Gaultier une aussi belle lignée artistique que dans la descendance de sa sœur cadette.

Michelle Gaultier, née à Angers le 20 novembre 1605, fille de Germain Gaultier et de Marie Mansart, épousa Edme Delisle, peintre parisien, parfois qualifié peintre

(1) Nous ne savons auquel des deux frères on doit attribuer un projet de dessèchement du lac de Grandlieu dressé en 1751 (Archives de Loire-Inférieure, C. 118).

ordinaire du Roi, qui n'a laissé aucune œuvre connue. Deux enfants naquirent : Pierre Delisle (16...-1720) fut architecte et membre de l'académie d'architecture en 1699; ainsi que son cousin germain Jules Hardouin, il reçut probablement les leçons de leur grand oncle commun, François Mansart, car il joignait parfois le nom Mansart au sien. Il paraît être mort célibataire. Sa sœur Marie épousa, suivant contrat de mariage du 11 juillet 1663, Jacques Gabriel, descendant d'une famille originaire de Normandie qui depuis un siècle cultivait l'art de bâtir à Argentan et à Rouen, à Tours et à Paris (1). Jacques Gabriel, souvent appelé Jacques IV par les historiens de la famille, fut depuis 1663 jusqu'à 1686, date de sa mort, le grand entrepreneur des travaux exécutés à Versailles. 22.000 ouvriers étaient employés sur les chantiers en 1684 et 36.000 en 1685. Tous les artistes de France étaient appelés à décorer et à embellir la résidence royale ; parmi eux et parmi les plus célèbres, Jacques Gabriel comptait plusieurs parents ou alliés, Hardouin-Mansart, Michel Hardouin, Desjardins, de Cotte. Il pouvait y rencontrer aussi la plupart des sculpteurs et des peintres qui collaborèrent à la décoration du palais du Parlement de Rennes, Errard, Jouvenet, Ferdinand, Debray, etc. Il ne borna pas son activité au château de Versailles ; il fut l'entrepreneur et en partie l'architecte de travaux exécutés aux Gobelins et dans plusieurs châteaux des environs de Paris. De son mariage avec Marie Delisle — qui se remaria en 1687 à Gilles de Juigné — il eut cinq enfants : François (1666-1777), époux de Marie de la Palme, receveur général des rentes du clergé et trésorier des bâtiments ; Jacques. dont nous allons parler ; Claude

(1) L'histoire de la famille Gabriel est difficile à suivre, car elle a formé plusieurs branches qui, toutes, ont produit des architectes et des entrepreneurs ; de plus, les Gabriel ont eu une prédilection extraordinaire et persistante pour le prénom Jacques. La meilleure étude généalogique est celle de Mme G. DESPIERRES, *Les Gabriel. Recherches sur les origines provinciales de ces architectes* (Réunion des Sociétés des Beaux-Arts des départements, T. XIX, 1895, p. 468-517).

(1669-1728), mousquetaire du Roi ; Marie-Denise (1665-1734), femme de Jean Rillard, receveur général du clergé ; Marie-Anne (1672- ?), religieuse.

Jacques Gabriel (1667-1742) ou Jacques V (1) fut l'élève de Jules Hardouin-Mansart, son oncle à la mode de Bretagne, et il fut l'un de ses héritiers artistiques. Il continua ses travaux à Paris et à Versailles et il étendit l'influence de son œuvre dans toute la France. La place des Victoires et la place Vendôme avaient enthousiasmé les contemporains de Louis XIV ; les grandes villes de France voulurent avoir des places semblables. Jacques Gabriel dirigea la construction de la place Louis-le-Grand à Lyon et de la place Royale à Bordeaux ; il contrôla les travaux des quais, de l'île Feydeau et du pont de Pirmil à Nantes. Il bâtit aussi des ponts monumentaux sur le Rhône et la Saône à Lyon, sur l'Oise à Pontoise et à l'Isle Adam, sur la Seine à Poissy et à Charenton, sur la Loire à Blois. Sa carrière administrative fut presque aussi brillante que celle de son maître et cousin. En 1687 il acquit moyennant 80.000 livres la charge de contrôleur général des bâtiments du Roi et devint ensuite membre de l'académie d'architecture (1689), contrôleur des bâtiments de Versailles (1709), anobli (1709), premier ingénieur des ponts et chaussées du royaume (1716), chevalier de Saint-Michel (1732), premier architecte du Roi (1735). Sa charge de premier ingénieur des ponts et chaussées lui valut d'être désigné en 1735 pour diriger la reconstruction de la ville de Rennes après le grand incendie de 1720. Par un hasard singulier, le premier ingénieur du royaume vint exercer ses talents et faire sentir son autorité dans la ville où, au siècle précédent, son bisaïeul, Germain Gaultier, avait rempli les fonctions modestes de contrôleur des œuvres municipales et de conducteur des travaux du palais. Les

---

(1) Plusieurs historiens le nomment Jacques-Jules ; Mme Despierres a établi que le prénom Jules ne lui appartint pas, mais à l'un de ses cousins, architecte et entrepreneur comme lui.

plans de reconstruction préparés en 1722 par Isaac Robelin, ingénieur-directeur des fortifications de Bretagne concontrariaient les habitudes routinières et parcimonieuses de la municipalité qui dénigra et attaqua Robelin avec une injustice dont les traces ne sont pas effacées (1). L'ingénieur demanda à être relevé de ses fonctions et Gabriel fut chargé par le gouvernement de prendre la direction de l'entreprise. Il adopta dans ses grandes lignes le plan de Robelin (2), et malgré l'opposition locale, il le fit exécuter grâce à son autorité personnelle et à l'appui de l'intendant et du gouvernement. Le plan Robelin-Gabriel était d'une ampleur à laquelle on ne saurait comparer l'essai d'urbanisme demandé en 1611 par Germain Gaultier pour le quartier du Pont Neuf ; le bel hôtel de ville construit de 1734 à 1743 a fait complètement oublier l'ancienne maison commune décorée des deux cheminées sculptées de 1609 à 1613 ; le palais même a été transformé. Nous avons dit que la destruction de la terrasse et du perron monumental ont profondément modifié la façade principale et que la cour intérieure a été diminuée de près d'un tiers par la construction du bel escalier qui donne accès depuis 1725 à la salle des Pas-Perdus.

Jacques Gabriel eut de sa deuxième femme, Elisabeth Besnier, six filles et deux fils. Le cadet embrassa la profession paternelle. Jacques-Ange Gabriel (1698-1782) est

(1) Un historien rennais, qui s'est évertué à attribuer au maire Rallier du Baty tout le mérite de la reconstruction de Rennes, présente en ces termes le conflit avec l'ingénieur : « Robelin avait fait un plan qui avait été approuvé ; mais, par une honteuse spéculation, et afin de toucher le plus longtemps possible la pension qu'on devait lui faire pendant l'exécution des travaux, il ne s'occupait aucunement de remplir la mission qui lui avait été confiée ; ses vexations, sa négligence calculée, sa coupable incurie excitèrent de nombreuses plaintes ». (L. DECOMBE, *Notice biographique sur Rallier du Baty, maire de Rennes*, Rennes, 1875. in-8°, p. 18). Tout cela est plus qu'inexact

(2) Le plan de Robelin plaçait l'édifice destiné à abriter la mairie, la grosse horloge et le présidial sur le côté sud de la place. Gabriel préféra le côté Ouest, probablement parce que l'intérêt de la circulation faisait désirer que l'on ne fermât pas le front Sud, mais l'édifice construit sur un terrain en pente ne produit pas l'effet qu'il aurait donné à l'emplacement primitivement choisi.

le plus illustre de tous les Gabriel et son illustration a fait
tort à la gloire de son père (1). Dans bien des cas Jacques-
Ange n'a fait que continuer les travaux demeurés
inachevés à la mort de Jacques V, le 23 avril 1742, qu'il
remplaça dans la charge de premier architecte du Roi (2).
Il termina en 1743 l'hôtel de ville de Rennes commencé
en 1734. L'école militaire et la place Louis XV (place de
la Concorde) et les façades des ailes Est du château de
Versailles sont ses œuvres les plus fameuses.

Deux fils, Ange-Antoine et Ange-Charles, paraissaient
devoir continuer les traditions familiales : l'aîné Ange-
Antoine (1735-1781), fut contrôleur général des bâtiments
du Roi. Mais les deux frères moururent avant leur père
qui fut le dernier architecte de son nom.

On doit clore ici ces longues filiations, trop longues
sans doute, et fastidieuses comme toutes les généalogies,
mais qui prouvent l'exactitude du jugement de Louis XIV
consigné dans la lettre d'anoblissement de Hardouin-
Mansart en 1682 et reproduit encore dans les lettres de

(1) Le père est complètement sacrifié au fils dans le beau livre du
comte de Fels, *Ange-Jacques Gabriel, premier architecte du Roi Louis XV,
d'après des documents inédits*, Paris, 1912, in-4°. L'auteur a été peu heureux dans le bref passage consacré à la mission de Jacques V à Rennes :
« Il y amène l'eau par un aqueduc et remanie le palais des Etats et
forme la place du Palais et la place d'Armes. Le palais des Etats avait
été construit par Salomon de Brosse. Gabriel en modifia la façade, en
isola les ailes et en construisit la partie occidentale avec la grande salle
et l'escalier ».

(2) Le père et le fils collaboraient. Jacques-Ange a pris part aux
travaux de Rennes avant 1742 comme à ceux de Bordeaux : il est impossible de fixer la part qui revient à l'un et à l'autre. La collaboration
intime et la communauté de pensée entre les deux architectes sont en
quelque sorte constatées par l'extraordinaire ressemblance qui existe
entre leurs écritures (voir les nombreuses lettres conservées aux archives d'Ille-et-Vilaine, liasses C. 308 à 312). — Lors de l'érection de la
statue de Louis XV, en 1744, des modifications furent apportées à la
partie centrale de l'Hôtel de Ville. Les travaux furent exécutés sous la
direction de l'architecte de la ville Chocat de Grandmaison ; sa femme,
Geneviève-Anne Gabriel, devait appartenir à la branche tourangelle de
la famille du grand architecte, car le parrain d'une de ses filles, baptisée à Lorient le 17 avril 1734, fut Jacques-Charles Gabriel, sieur de
Bernay, contrôleur général des bâtiments du Roi. Le couvent du Bon
Pasteur et la tour de l'église Saint-Sauveur, à Rennes, bâtis par Chocat,
prouvent qu'il n'avait rien du génie des Gabriel.

noblesse accordées à Jacques IV Gabriel en 1709. « L'inclination et l'habileté dans les beaux arts sont devenus une vertu héréditaire dans la famille ». De cette inclination et de cette habileté, Germain Gaultier et son arrière petit-fils, Jacques Gabriel, ont laissé à Rennes un témoignage dans la construction du Palais de Justice « œuvre de grande importance et de célèbre effet ».

H. BOURDE DE LA ROGERIE.

ANNEXE

MÉMOIRE DE GERMAIN GAULTIER
concernant la construction du Palais

Ce mémoire, si incorrect et obscur qu'il soit, nous a paru mériter d'être publié *in extenso* : c'est le document le plus important sur la part qui revient à Germain Gaultier dans la construction du monument. L'auteur a eu spécialement en vue le choix des matériaux, mais le lecteur pourra découvrir aussi quelques renseignements sur le plan et les dispositions du Palais qui avaient été plus complètement exposés dans des devis malheureusement perdus.

Estat et devis général de touttes choses utiles et nécessaires pour la construction du bastiment du Pallays qui se doibt faire en cette ville de Rennes pour ce qui est de la massonnerie, taille et architecture seulement, pour servir à la Cour de Parlement de ce pays.

Ce devis commencera pour plus forte et asseurée raison par son plan fondamental official que superficial.

Je diroy donc que recognoissant la situation du lieu où se commence ledit édifice qui est extrêmement favorable pour ledit bastiment à cause du fond et solidité qui se remarque journellement audit lieu, est endroit qui fera diminution sur le dit œuvre et entreprise de quarante mil livres pour le moing.

Je commanceray à parler de la forme et manière comme il fault asseoir et planter sur ce solide, qui se remarque audit lieu, les fondements et eslige de ce grand bastiment, et de quelle nature de pierre il se fault servir et emploier pour cest effect.

[Choix des matériaux]

Il est bien remarquable qu'en ce pays que toutte la pierre dont l'on use ordinairement aux bastimens et entreprises aux lieux circonvoisins de cette ville de Rennes et particullièrement en icelle n'est que pierre froide et terreste, fort pesante et plombeuse, qui cause bien souvent quelques fractures et corruption qui se paroissent journellement aux édifices qui se construisent de neuf, et principalement quand on vient au temps et saison que ledit œuvre prend repos et assiette, et ne se peult trouver aultre remède pour obvier à tels accidents, en apparence ruyneuse, que d'emploier nombre et quantité de bonnes lyaisons de pierre d'Orgères qui se trouve proche de lieu, sans laquelle pierre d'Orgères il ne seroit aucunement à propos d'entreprendre de grands et hardis bastiments.

Il sera donc fort à propos pour l'œuvre dont est question user pour les fondemens et platte forme de ladite Orgère, ou pierre nommée Pontréant, des plus grandes et puissantes qui se pourront recouvrer, pour la base et empatement de tout ledit édifice après lequel empatement sera nécessaire observer une règle qui ensuit :

Pour les fondements qui seront internes, c'est à dire qui seront posés dedans la concavité du roc, il est requis qu'ils soient faits de la pierre des perrières de St Cire liaisonnée de ladite pierre d'Orgère ou Pontréant (1) de pied en pied, réglée et arrazée de niveau, le tout assyé et posé en bon mortier de chaux et sable comme en tel cas requis car il ne seroit à propos y emploier la pierre massonnable qui pourra sortir des tranchées desdits fondements estant de semblable qualité et nature de roc et fond où se fait ledit édifice. Néantmoings estant hors de terre à trois ou quatre pieds de haulteur, il ne sera hors de raison d'emploier audit œuvre portion en quantité de la pierre qui se trouvera bonne en quelques endroictz dudit œuvre et meller neantmoings de ladite pierre de St Cire liaisonnée de ladite Orgère comme devant.

Il sera aussy fort nécessaire que toutte la taille des portes, croisées, fenestres et rabats-jours des offices, celiers et cachots qui seront aux costières et face de la court de la conciergerye dudit Palays au dessoubs des logements superficiaulx cy-après mention-

(1) Les carrières de Saint Cyr se trouvent dans la commune de Rennes, celles de Pontréan à Bruz et celles d'Orgères dans la commune de ce nom (canton de Rennes). Le mot pierre de Caho ou Cahot, que l'on trouvera plus loin, est un terme générique désignant le moellon employé pour le gros œuvre.

nés, que (1) lès pilliers des arcades qui porteront la gallerye qui circuit diamétrallement la court de ladite conciergerie soient de pierre de grain, liaisons de taille d'Orgères, pour meilleure force et qualité à cause que ordinairement la taille de grain n'a lye ny assiette compétente pour subsister et résister aux fardeaux qui se posent ordinairement au dessus de semblable ouverture, et esliger que pour les entreprises que font journellement les prisonniers et gens qui sont mis en tels et semblables lieux. Au mitan de laquelle court sera un puis de grandeur compétente pour servir à ladite conciergerie.

Je diray aussy qu'il seroit fort à propos voulter tous les cachots et offices de pierre d'Orgère pour éviter le danger tant du feu que autres entreprises que peuvent faire lesdits prisonniers, joint que lesdites voutes seront faciles à faire et de peu de voustage estant de petit espace de grandeur.

Parlant maintenant de toutte la taille requise pour l'étage du logement de Nosseigneurs de la Court, pour toutes les croisées, encoignures, lucarnes, rabajours que portes tant par le dedans que par dehors dudit bastiment, hormis la face principalle du devant dudit Pallais, il est fort necessaire et à propos qu'elle soit de belle taille de grain ou Taillebourg. Néantmoins j'approuve davantage ladite taille de grain estre de meilleure nature et qualité aucune que se pourroit employer pour cest effet, estant aussy de plus forte nature et de meilleure simpatye pour résister aux orages du temps que pour survenir aux charges et fardeaux que peuvent faire les grandes haulteurs, espoisseurs des murailles qui se font de ladite pierre massonnable qui est pesante et plombeuse comme il a esté cy devant dit.

Pour la face principalle dudit Pallays, il est aussy fort à propos qu'elle soit faitte de taille de beau grain et plus egal en couleur que l'on pourra trouver pour estre l'œuvre de grande importance et de célèbre effet comme plus amplement le remarquerez continuant ce devis.

*[Dimensions des quatre corps de bâtiments
et affectations qui devront leur être données.]*

Ladite face principalle dudit Pallais suivant le plan et dessain est assize et posée au midi, laquelle face a de longueur huit vingt pieds, de dehors en dehors, d'une encoignure en l'autre, compris

(1) Ici comme dans plusieurs autres passages du mémoire, l'auteur emploie le mot *que* dans le sens de *et*.

ses plantes et saillye représentée par le dessain et élévation qui se font pour ce subjet, comme il sera plus surement et particulièrement représenté par ung modelle eslevé qui se fait en bosse réduict au petit pied pour servir à la conduicte et perfection dudit bastiment. En laquelle face et front se trouvera la grand salle des procureurs dudit Parlement, aux deux bouts de laquelle seront quatre chambres dont les principalles serviront, scavoir l'une pour les requestes et l'autre pour la chancelerye ; pour les deux autres qui sont au derrière d'icelles serviront l'une pour le parquet des gens du Roy et l'autre pour la table de marbre.

Ensuite la longueur des deux faces et costières dudit bastiment qui sont de chacune d'icelle de deux cent dix pieds de longueur, d'encoignure à autre, compris aussy leurs plaintes et saillyes, auxquelles longueurs sont comprises les quatre chambres cy devant mentionnées. Au reste de laquelle longueur se trouve : scavoir, du costé oriental, la grand chambre de l'audience de ladite court accompagnée de son greffe et parquet des huissiers que sa chambre de conseil et descharge.

En l'autre costière et longueur posée et assize à l'occident, compris les chambres cy-devant dittes, sera la grand chambre de la Tournelle, son greffe que parquet des huissiers, sa chambre de conseil avecq sa descharge.

Dans l'autre face et derrière dudit Palays posée au septentryon, opposite de ladite face de devant, se trouve la chambre des enquestes, son greffe, bevette et garderobbes pour servir à toutes les chambres et instances cy devant nommées.

[Pour] les trois principaux vaisseaux qui sont la salle des procureurs, chambre de l'audience et Tournelle, [il] est nécessaire qu'elles soient lambrissées en leur arraz et superficie pour n'estre importunez tant pour le bruit que se pourroit faire au dessus d'icelles y faizant logement que pour ne trouver bois ni sommiers de longueur et de force compétente pour servir à ladite salle et chambre.

La charpente dudict bastiment est composée au dessus de l'arraz et entablement d'icelluy de quatre groupes de chappes rabattues qui sont les combles de ladite salle des procureurs, chambre de l'audience, Tournelle que enquêtes, greffe, beuvettes et garde robe lesquelles chappes rabattues seront accompagnées de quatre pavillons au dessous desquels seront les logements de chambres des requetes, la chancellerye, les gens du Roy, table de marbre, chambre du conseil de la grand chambre et descharge, la chambre du conseil de la Tournelle et sa descharge, lesquels quatre pavillons porteront double estaige, pour servir aux urgentes nécessités et accomodations requises pour ledit Pallays.

Ce devys sera amplifié davantage par l'effect et expérience des plants, dessains et eslévations qui se font pour se subjet par lesquelz l'on pourra scavoir et recognoistre les grandeurs, largeurs, longueurs, dimantions et espoisseurs de touz les logements et commodités dudit Pallays ensemble les faces et décorations, cymétrye et particulliérement de la principale face qui représente un ordre corinthe suivant l'anticque comme estant approuvé et recogneu par les excellens autheurs estre l'ordre le plus grave et magnificque, convenable et propre pour décorer et adobier aux Pallays et bastiments d'importance.

GAULTIER (1).

(1) La signature est seule autographe. Au dos, l'archiviste du xviiie siècle a écrit : « Pallais. Devis des matériaux, 1614 ou environs », et la cote : art. C. 18.

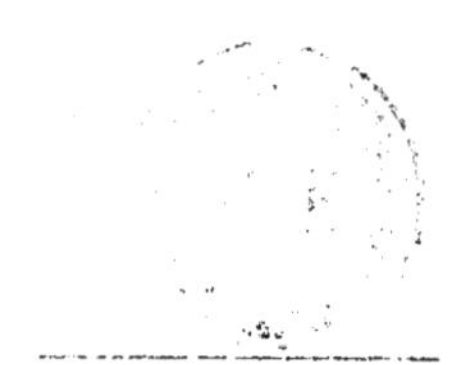